PAR

P. J. STAHL

D'APRÈS UNE LÉGENDE DE MARKOWOVZOK

DESSINS PAR TH. SCHULER

GRAVURES PAR PANNEMAKER

BIBLIOTHÈQUE
D'ÉDUCATION ET DE RÉCRÉATION
J. HETZEL ET Cⁱᵉ, 18, RUE JACOB
PARIS

Tous droits de reproduction et de traduction réservés

MAROUSSIA

PAR

P. J. STAHL

D'APRÈS UNE LÉGENDE DE MARKOWOVZOK

DESSINS PAR TH. SCHULER

GRAVURES PAR PANNEMAKER

BIBLIOTHÈQUE
D'ÉDUCATION ET DE RÉCRÉATION
J. HETZEL ET Cⁱᵉ, 18, RUE JACOB

PARIS

Tous droits de reproduction et de traduction réservés

A ALSA

Enfant de l'Alsace,

à

ALSA

Fille de Théophile Schuler,
je dédie
cette édition illustrée dont les dessins
sont la dernière œuvre
de son père.

P.-J. STAHL.

MAROUSSIA

D'APRÈS LA LÉGENDE DE MARKO WOVZOG[1]

I

L'UKRAINE

Je vais vous raconter ce qui s'est passé il y a bien longtemps en Ukraine, dans un coin ignoré, mais frais et charmant, de cette contrée.

[1]. L'histoire de *Maroussia*, écrite par nous en 1873, a été publiée par le journal le *Temps*, en décembre 1875. L'*Hetman* de M. Déroulède a été joué à l'Odéon en 1877. Si nous ne nous trompons pas, le drame procède, à l'insu même de son auteur, des faits historiques qui ont donné nais-

J'aime beaucoup les contrées dont on ne parle guère, que l'étranger ne visite pas, qu'on laisse à elles-mêmes, qui gardent pour elles leurs retraites et leurs secrets, leurs fleurs et leurs sentiments, leurs dures peines et leurs simples plaisirs. Leur histoire n'est point à tous. Les mœurs de leurs habitants sont bien leurs mœurs, et, s'ils sont fiers, c'est sans s'en douter. On y rencontre ce qu'on ne trouverait nulle part ailleurs : choses et gens y sont nouvelles et nouveaux. Ces pays-là — sans le dire à personne — ont quelquefois leurs héros, de vrais héros.

J'aime aussi les héros — surtout quand ils ne se targuent pas de l'être — quand ils sont droits et sincères, quand ils font de grandes choses sans crier à tue-tête : « Voyez, voyez ! c'est moi qui ai fait ceci ! venez m'en récompenser; » mais seulement parce que, étant ce qu'ils sont, ayant leurs qualités, ils ne sauraient faire autrement que d'être héroïques.

Mais, assez de philosophie, comme dit notre maître d'école quand il voit qu'on ne va pas être de son avis. Contons l'histoire.

Eh bien, dans le petit coin dont je veux vous parler, il y avait autrefois une maison faite comme le sont les maisons à la campagne ; et cette maison était habitée par un Cosaque, Danilo Tchabane, et sa famille.

---

sance à la légende de *Maroussia*. Rien cependant ne se ressemble moins que les deux œuvres, ce qui prouve une fois de plus que la même terre peut donner des fruits bien différents.

N'allez pas confondre, je vous prie, les Cosaques ukrainiens avec ceux du Don, avec ces êtres barbus aux yeux ronds et terribles, au langage grossier, aux allures effrontées ; ils ne se ressemblent point.

Les Ukrainiens ne portent de barbe qu'à l'âge de cinquante ans. Il s'ensuit que vous ne voyez dans le pays que des barbes grises ou point de barbes. Les jeunes gens portent des moustaches comme les Polonais. Les Ukrainiens sont grands, forts et sveltes. Ils ont, pour la plupart, des traits réguliers, des sourcils très-nettement dessinés, de grands yeux taillés en amande, une expression calme, noble, un peu sévère, et qui peut paraître triste.

Voulez-vous savoir ce que signifie le mot : *cosaque?* Le mot cosaque est un mot turc et veut dire : *guerrier à cheval.*

Dans le temps, quand l'Ukraine était une république et faisait la guerre aux Turcs, les Turcs ont désigné les héros inconnus qu'ils avaient à combattre sous le nom de Cosaques. Je ne vous conterai pas toutes les guerres de cette république, ce serait trop long. Il suffira de vous dire que, pendant de longues années, elle se trouvait, comme on dit chez nous et ailleurs peut-être, « placée entre deux feux » : la grande Russie et la Pologne. On pourrait même dire « entre quatre feux », si l'on comptait les Turcs et les Tartares. A la fin, ne pouvant s'entendre avec les

Polonais, cette république avait accepté les « fraternelles » propositions de la Russie.

« Nous sommes trop faibles pour lutter encore avec nos voisins. Nous avons jusqu'ici soutenu la guerre glorieusement, c'est vrai ; mais nous finirons par être écrasés. La Russie nous propose une alliance, acceptons-la. »

C'est ainsi que pensait et parlait le vieux chef Bogdan Khmielnitski, et le peuple l'avait écouté.

Au commencement tout alla bien. Égalité, fraternité, liberté, les Russes respectaient tout cela ; mais peu à peu les choses changèrent.

Au bout de moins d'une année, le peuple avait mille raisons de dire à son chef Bogdan : « Qu'avons-nous fait ? »

Le vieux Bogdan, entendant ces choses, pleura, sans que rien put le consoler.

« Tâchons d'y remédier, » dit-il après ; mais il n'y réussit pas et mourut de chagrin.

Après sa mort, l'Ukraine eut à subir bien des épreuves. Elle se divisa en deux camps ; les uns étaient encore pour la Russie, les autres tenaient pour la Pologne.

Un troisième parti s'était formé. Celui-là était pour l'indépendance complète de l'Ukraine ; malheureusement il n'était pas nombreux. C'est juste à cette époque que commence notre récit.

Le Cosaque Danilo Tchabane habitait donc avec sa

famille une maison dans la campagne. L'être le plus difficile se serait contenté de cette habitation.

Danilo avait hérité de cette maisonnette ; son père, qui la tenait de son père, lequel la tenait aussi du sien, la lui avait transmise en mourant. Je ne sais combien de générations de Tchabane avaient passé par là.

Et notez bien ceci : quel que soit le désert que vient habiter une famille ukrainienne, le premier printemps la couvrira de fleurs. Donc, vous pouvez imaginer quel paradis de fleurs devait être la maison de Danilo, après que tant de générations de Tchabane avaient ajouté leur part de fleurs aux fleurs de leurs ancêtres.

D'ailleurs, il faut dire que la maison de Danilo n'aurait jamais pu offrir l'image d'un désert. Tout au contraire, située comme elle l'était, entre une steppe immense et une vaste forêt, entre une profonde rivière et une prairie veloutée, entre une haute montagne et une fraîche vallée, elle était, dès qu'elle apparaissait, ravissante à voir.

Au nord, se déroulait la steppe sans fin, la steppe embaumée. On eût dit un océan de verdure, émaillé de fleurs. Au sud, s'élevaient les montagnes tantôt boisées et verdoyantes comme des émeraudes, tantôt incultes et pierreuses. La délicieuse vallée, tout à fait solitaire, sans chemins ni sentiers, s'étendait dans l'est. La rivière, d'un bleu sombre, arrosait la prairie. Ici elle coulait reflétant l'azur du ciel au milieu des joncs flexibles, là elle s'engageait entre les rochers sombres et bouillonnait sous une arche de granit grisâtre.

Grand Dieu! qu'il faisait bon dans ce coin du monde! Quand le soleil se levait, la prairie couverte de rosée étincelait comme une pluie de diamants. Les oiseaux, cachés dans les joncs, commençaient à voleter et à chanter, et un léger voile de vapeur, doré par les rayons du matin, se balançait mollement au-dessus de la rivière. Grand Dieu! qu'elle était parfumée, cette tranquille vallée sous le premier regard du soleil!

Et les sommets des montagnes? Ils brillaient comme du métal. Et la forêt? Elle se réveillait tout doucement. Et la steppe? Elle miroitait d'ombre et de lumière aussi loin que l'œil pouvait percer ses profondeurs et ses clartés.

Ceci est l'aurore, la matinée; mais, le jour, comment vous le peindre? Une inondation de lumière sous une voûte azurée, les chants de triomphe des oiseaux, le murmure des flots, toute la nature en plein bonheur.

Pour la soirée, ces soirs paisibles et roses de l'Ukraine, vous devinez : les étoiles se montrant peu à peu pour faire fête à la lune, celle-ci paraissant dans sa douce majesté, et, à l'horizon, des bandes violettes de couleurs variées jetant leurs derniers feux, rayant

I

DANILO TCHABANE ET SA FAMILLE.

la steppe assombrie et silencieuse. La lisière de la forêt devenait sérieuse, presque sévère ; une grande roche, enveloppée de mystère, faisait pendant à une autre roche, sa sœur, se dressant comme un bloc de jais noir, éclairée d'en haut. Et enfin le petit jardin touffu, plein de cerisiers en fleur, les gentilles fenêtres de la maisonnette luisant entre les branches des rosiers sauvages. Telle était la maison de Danilo. Mais j'ai eu tort d'essayer de vous décrire des choses que les yeux ne sauraient se lasser de voir.

Et dire qu'avec toutes les splendeurs, qu'avec tous les bienfaits de Dieu, les habitants de la maisonnette avaient encore, tout à côté, de bons voisins, des amis éprouvés !

Les jours de fête, la famille Danilo Tchabane recevait beaucoup, oui, beaucoup. Tantôt c'était Semène Vorochilo qui arrivait, tantôt Andry Krouk, ou bien l'on entendait au loin la voix fraîche et sonore de Hanna, la belle rieuse, ou bien l'on apercevait le petit bateau de Vassil Grime qui abordait... et, après lui, cinq, dix autres encore, hommes et femmes, jeunes filles et jeunes gens, enfants aussi et même des vieillards. C'était à qui visiterait Danilo.

Mais à quoi bon vous énumérer tous les amis ! Vous voyez qu'ils étaient nombreux ; quand j'aurai dit qu'ils étaient sûrs, que c'étaient de vrais amis, que pourrai-je ajouter ? Je n'ai pas la prétention de vous apprendre combien c'est bon, l'amitié. Si vous éprouvez ce sentiment pour quelqu'un qui soit digne de l'inspirer, vous savez ce qu'il vaut. La parole d'un ami, le regard d'un ami, sa main dans la vôtre, sont les trois quarts du bonheur de la vie. Si vous ne l'avez jamais connu, ce bonheur, mes paroles ne vous l'apprendront pas. Méritez d'avoir des amis, nous causerons de l'amitié après; mais, jusque là, fussiez-vous plus avisé que le grand Salomon lui-même, vous n'y pourriez rien comprendre.

Certes, on vivrait très-heureux dans un coin comme celui-là, si les hommes ressemblaient aux moutons, s'ils n'avaient à désirer que de gras pâturages.

Mais l'âme humaine a le droit de s'élever jusqu'à des aspirations plus hautes. Le vrai bonheur d'un peuple ne saurait se faire de la seule satisfaction des besoins matériels, le contentement moral peut seul donner le goût qu'il faut au pain qu'on mange. Or, je vous l'ai déjà donné à entendre, et vous m'avez compris à demi-mot : le trouble régnait partout. Le pays fatigué, tiré dans un sens par les Russes, dans un autre par l'aristocratie polonaise, écrasé des deux côtés, le pays était en pleine révolte et regrettait amèrement son indépendance perdue. L'Ukraine était envahie par les troupes russes. Le chef du parti moskovite était comblé des faveurs et des présents du tsar; le chef du parti polonais s'était fortifié dans une ville et invitait tous les amis de la liberté à venir se joindre à lui.

De quel côté aller ?

Les temps étaient difficiles, bien difficiles ! Les yeux les plus secs, d'ordinaire, versaient des larmes, et les têtes les plus sages tournaient. Les enfants eux-mêmes avaient peine à respirer.

II

UN VOYAGEUR INCONNU

Il y avait une réunion chez Danilo Tchabane. La soirée était sombre, les hôtes pensifs et silencieux. Les maîtres eux-mêmes avaient peine à sourire. On se regardait plus qu'on ne se parlait. Il était visible que tout ce monde avait le même souci.

De temps en temps on s'adressait à Andry Krouk : « Les murs de Tchiguirine étaient-ils de force à résister à un assaut ? Les défenseurs étaient-ils solides ? Si on relisait la dernière proclamation du chef ? Quelques-uns ne la connaissaient pas. Savait-on s'il se présentait beaucoup de volontaires ? »

Andry Krouk, évidemment bien renseigné sur toutes ces choses, répondait très-couramment. Il décrivait les remparts de Tchiguirine, ses fossés, ses portes, ses tranchées, comme un homme qui a passé par là et vu tout cela plus d'une fois, et récemment encore.

Tandis que les hommes parlaient, les fuseaux s'arrêtaient, les femmes écoutaient anxieusement. Et quand les hommes se taisaient et fumaient, elles échangeaient à voix basse quelques paroles.

« Encore une bataille près de Vélika, disait l'une.

— Combien de tués ? demanda Moghila.

— On a incendié Terny ; les maisons ne sont plus que cendres, et le village Krinitza brûle encore.

— Savez-vous, dit une jeune fille, savez-vous si ?... »

Mais elle ne peut achever ; ses lèvres pâlissent, de grosses larmes voilent ses yeux, ses dents serrées par l'angoisse ne peuvent se rouvrir.

Une vieille femme, coiffée d'un mouchoir brun d'où s'échappaient des flots de beaux cheveux gris, au visage froid et rigide, dans lequel deux grands yeux noirs étincelaient comme des étoiles, dit :

« Les miens sont tous morts. Je suis seule au

monde. Ils disaient tous : « Nous allons nous battre ; » et je les regardais : « Oui, mes enfants ; » et ils ajoutaient : « L'Ukraine reconquerra son indé-
« pendance ; » et j'avais répondu encore : « Oui,
« mes enfants ! » Tous les trois sont restés sur le champ de bataille, et l'Ukraine n'est pas libre!

— Ah! disait une jeune femme, on se fait tuer et l'on n'a encore rien gagné. Si encore on pouvait se dire : « Je meurs, mais je laisse aux autres ce que je cherchais.. »

La vieille femme l'interrompit :

« Tu ne m'as pas comprise. Quand il s'agit de la patrie, on ne marchande pas, on ne se dit pas : « Réussirai-je? » mais : « C'est mon devoir, » et on se jette dans la mêlée. Si on est tué, on est bien mort ; c'est un meilleur sort que de mal vivre. Les miens ont agi ainsi. Que Dieu ait leur âme! Si c'était à recommencer, ils recommenceraient.

— Vous avez raison, vous avez raison, » dirent plusieurs femmes.

D'autres ne disaient rien qui se mirent à pleurer. Les enfants aussi étaient soucieux. Ils ne jouaient pas, ils ne criaient ni ne riaient, mais se tenaient, respirant sans bruit, dans les coins, tout en observant les figures des « grands » et en écoutant leurs discours.

Une petite, toute petite fille, à la chevelure blonde, aux grands yeux extrêmement brillants, aux lèvres purpurines, semblait seule entièrement absorbée par ses propres affaires. Elle prenait des brins de jonc dans son tablier et en tressait une jolie natte.

La soirée s'avançait, devenait de plus en plus sombre, de plus en plus calme. Tout le monde se taisait : la petite fille s'endormit, sa natte inachevée dans les doigts.

La nuit vint et les étoiles étincelèrent.

Tout à coup, on frappa à la fenêtre.

Ce fut si inattendu que personne n'en voulut croire ses oreilles ; mais on a frappé encore, et encore une fois, très-distinctement, très-fort.

Le maître de la maison se leva et marcha vers la porte pour l'ouvrir. Ses hôtes et amis allumèrent leurs pipes et se mirent à fumer. Un dernier coup plus sec, plus net, se fit entendre sur la vitre. Les fumeurs tressaillirent, les enfants se regardèrent. Danilo entr'ouvrit la porte.

« Qui frappe ici ? » demanda-t-il.

Une voix répondit, une voix ferme et mâle, qu'un voyageur égaré demandait l'hospitalité.

« Soyez le bienvenu, » dit Danilo ; et il ouvrit la porte toute grande, en invitant le voyageur à entrer.

On entrevit quelques étoiles, une fraîche bouffée de brise du soir pénétra dans la chambre chaude ; puis, sur le seuil, apparut un homme de grande taille, de si grande taille qu'il fut obligé de baisser la tête pour entrer.

« SOYEZ LE BIENVENU, » DIT DANILO.

La beauté n'est pas une rareté en Ukraine : pourtant le voyageur qui venait d'entrer aurait difficilement trouvé son égal.

Son visage était un de ces nobles visages sur lesquels les regards les plus insouciants s'arrêtent avec un sentiment soudain de respect. Chacun est obligé de se dire en les regardant : « Cet homme doit être un homme entre tous les hommes. » Sa haute taille était élégante et souple. Toute sa personne respirait le calme et la force ; mais jamais diamants, étoiles ou éclairs, n'eurent tant d'éclat que les yeux noirs qui répandaient autour de lui la lumière.

Maître Danilo et ses amis furent frappés de tout cela ; mais les Ukrainiens savent garder leurs impressions pour eux-mêmes, et ils n'en firent rien voir. Ils reçurent le voyageur comme tout voyageur doit être reçu dans une honnête maison, avec cordialité et prévenance. On le plaça près d'une table, et on s'empressa de lui offrir quelques rafraîchissements.

Le voyageur se montra simple, modeste, poli et réservé. Étant un inconnu et n'ayant par conséquent aucun droit à l'intérêt particulier de ses hôtes et de leurs amis, il ne cherchait point à se faire valoir. Il ne racontait pas, comme d'autres eussent pu le faire, ses aventures. Il ne crut pas devoir faire part à des étrangers de ses projets, s'il en avait. Il ne jetait de regards indiscrets ni sur les choses, ni sur les gens. Il ne questionnait pas, il répondait et en peu de mots.

S'il causait, c'était des choses qui, dans un tel moment, occupaient tout le monde : des désastres du pays, des villes brûlées, des champs dévastés qu'il avait vus sur sa route. Maître Danilo et ses amis imitèrent sa réserve. Ils se demandaient probablement d'où il venait et où il allait, et aussi dans quel pays il était né; mais, puisqu'il ne le disait pas, ils ne le lui demandaient pas. On voyait bien que, quoique jeune encore, il connaissait beaucoup de choses : les mœurs turques, les coutumes polonaises, le caractère russe, les usages tartares. Il paraissait que la Setch[1] ne lui était pas inconnue non plus.

Quant à l'Ukraine, il était évident qu'il l'avait parcourue dans tous les sens, qu'il avait visité, habité peut-être les grandes villes aussi bien que les villages et les petites campagnes. Plus d'un s'était interrogé aussi sur la balafre qu'il avait sur la joue gauche : où avait-il reçu, gagné cette belle blessure, faite bien certainement par une arme tranchante? Cela ne regardait que lui. A chacun ses secrets. Cependant le voyageur, rassuré sans doute par l'accueil qu'il recevait, devenait de lui-même plus expansif. Il décrivit avec une saisissante vigueur les batailles

---

1. La Setch était une île sur le Dniéper où les cosaques *Zaporogues* (ce qui veut dire au delà des rapides du Dniéper) tenaient leur camp, où les femmes n'étaient pas admises, et d'où partaient de terribles razzias, principalement sur les terres des Tartares et des Turcs. Gogol en a fait une belle description dans son *Tarass Boulba*.

qui venaient d'avoir lieu. C'était à croire qu'on y prenait part avec lui. On l'écoutait, n'osant plus respirer. Les hommes, si habituellement impassibles, s'enflammaient; les femmes s'écriaient et sanglotaient. Les enfants, ayant perdu toute envie de dormir, étaient suspendus à ses lèvres.

Tout à coup on entendit deux coups de feu, puis plusieurs autres encore. Après un court intervalle, d'autres succédèrent.

On s'était tu. On prêtait l'oreille. Les coups partaient de la steppe. On écouta longtemps, mais le silence s'était refait.

« Eh quoi! la poudre parle même dans vos paisibles campagnes? dit alors le voyageur.

— Cela doit venir du côté du grand chemin de Tchiguirine, dit Andry Krouk.

— Cela est venu de tous les côtés successivement, » dit Danilo en remuant la tête.

Il se faisait tard; les femmes se levèrent pour retourner à leurs maisons. Il fallait faire coucher les enfants. Plus d'une avait pris le sien dans ses bras. Les unes étaient grandes et robustes, d'autres frêles et petites; elles étaient jeunes ou vieilles, mais toutes avaient la même expression, cette expression de volonté énergique qu'on a quand, après bien des souffrances et des luttes, on est décidé à tout faire avec calme, fût-ce à mourir.

On se disait encore adieu sur le seuil de la porte,

on échangeait un sourire d'affection, on se faisait un signe de tête amical. Tout se passait comme d'habitude, et cependant on sentait comme une tempête dans l'air. Les yeux de ces femmes, de ces mères, de ces sœurs, de ces fiancés, de ces filles, jetaient comme des lueurs.

« Adieu ! adieu ! disait-on, bonne nuit ! »

Toute la société se dispersa par les sombres sentiers et disparut. Les deux intimes Andry Krouk et Semène Vorochilo restèrent seuls avec Danilo. Le voyageur resta aussi.

III

LA PETITE MAROUSSIA

Tout le monde était parti; la maîtresse de la maison passa dans une chambre à côté.

« Y a-t-il moyen d'arriver jusqu'à Tchiguirine? » demanda le voyageur. Sa voix avait baissé en faisant cette question, ainsi qu'il arrive involontairement quand on sent que le danger peut être plus près de vous qu'on ne veut le dire.

« Cela doit être difficile, » répondit maître Danilo, baissant instinctivement la voix à son tour.

Ses deux amis ne dirent rien ; mais ils laissèrent échapper de leurs pipes deux énormes bouffées de fumée, et ils froncèrent leurs épais sourcils.

Ceci exprima sans paroles, mais nettement, qu'ils étaient de l'avis de maître Danilo. Les yeux du voyageur se fixèrent un instant sur la figure impassible de maître Danilo, puis sur les figures non moins impassibles de ses deux amis. Un seul regard de ses yeux pénétrants suffit pour leur apprendre quelle habitude des épreuves il avait, quel mépris du péril et aussi quelle adresse à parer au besoin les coups que pouvait lui porter la fortune.

Cette muette confidence faite :

« Et pourtant, dit-il, il faut que j'y arrive, et par le plus court et tout droit.

— Tout droit à Tchiguirine ? répondit Andry Krouk ; pour le moment, le corbeau lui-même n'y arriverait pas.

— Est-ce encore loin ? demanda le voyageur.

— La longueur du chemin importe peu à celui qui a des jambes quand la route est bonne, dit Semène Vorochilo ; mais fût-ce tout près, si c'est impraticable, voilà ce qui importe. »

En prononçant ces paroles, Semène Vorochilo plongeait son regard dans les yeux du voyageur.

« Nous autres voyageurs, répondit l'inconnu, nous

ne sommes pas toujours libres de choisir le chemin le plus agréable. Faute du bon, c'est à nous de nous contenter du pire ; mais, que voulez-vous, quand il est arrêté qu'on doit arriver quelque part, il n'y a pas à reculer. Heureux toutefois qui peut se procurer un guide, un compagnon de voyage fidèle et sûr ! Je ne vous cacherai pas, très-honorables maîtres, qu'il m'est arrivé plus d'une fois de rencontrer, au moment où je pouvais le moins l'espérer, le cœur vaillant, le bras vigoureux, les pieds infatigables dont je pouvais avoir besoin. »

A ces mots de l'étranger, maître Danilo et ses deux amis relevèrent la tête.

« Vous dites vrai, honorable voyageur, répondit Danilo ; un compagnon brave et dévoué vaut tous les trésors de l'univers.

— Il ne manque pas en Ukraine de cœurs résolus, dit Andry Krouk ; pour ceci, je puis dire que nul pays ne surpasse notre patrie.

— Bien répondu, Krouk, fit maître Danilo. Les Polonais peuvent se vanter d'avoir d'intrépides seigneurs, les Turcs des sultans magnifiques, les Moscovites des gaillards intelligents et habiles : quant à nous, nous pouvons affirmer une chose, qui vaut toutes les autres, c'est que nous sommes « frères », ni plus ni moins.

— A l'exception près, vous avez raison, répliqua le voyageur.

— Dans les meilleurs champs on trouve un brin d'ivraie, reprit vivement Danilo; le froment en est-il moins bon pour cela?

— Non, assurément, dit Vorochilo. Il y a cependant quelque chose à considérer.

— Dites laquelle, répondit le voyageur.

— C'est qu'on ne distingue pas toujours le bon grain du mauvais. Celui qui porte capuce noire n'est pas toujours moine.

— Le bon pâtre reconnaît ses brebis, même sous la peau du loup! » répliqua l'étranger.

Il se fit un silence; on se regarda une fois encore. On s'était compris; les paroles devinrent inutiles.

« Frères, salut! dit le voyageur. Ceux de la Setch vous présentent respect et amitié. Je suis leur envoyé. Je vais à Tchiguirine.

— Nous sommes à vos ordres; nous sommes vos amis, dirent les trois Ukrainiens.

— Qu'avez-vous à m'apprendre? que savez-vous? que se passe-t-il autour de vous? demanda l'envoyé de la Setch.

— Rien de bon, répondit Danilo; l'*un* s'est lié d'amitié avec les Moscovites; l'*autre*, après avoir invité les Turcs à venir à son aide, est peut-être, dans ce moment même, en pourparler avec la Pologne.

— Cela n'est que trop vrai! dirent les deux amis de Danilo, et leurs mâles visages exprimaient une douleur profonde.

— Raison de plus pour que j'aille à Tchiguirine, répondit l'envoyé de la Setch — et sans perdre de temps.

— Tous les chemins sont coupés, répondit Vorochilo.

— Et le passage de Gonna?

— Occupé et mis en état de défense par les Moscovites. »

L'envoyé se mit à réfléchir, non aux difficultés, mais au moyen d'arriver à son but.

« Nous autres, Cosaques de la Setch, dit-il enfin, nous ne sommes ni pour les Moscovites ni pour les Polonais. Nous sommes pour les Ukrainiens. Vous voyez bien qu'il faut que je pénètre dans Tchiguirine. De vos deux chefs, l'un s'est vendu, dit-on... mais l'autre?

— L'autre, l'ataman Petro Dorochenko, dit Krouk, est un honnête homme.

— Je le sais, dit l'envoyé. Mais, orgueilleux, passionné, et trop prompt comme il l'est, on peut craindre qu'en voulant sauver l'Ukraine il la perde. Dans son irritation contre les Russes, il oublie que nous avons d'autres adversaires. Il est sur le point de faire une folie et de se jeter du feu à la flamme. J'ai mission de l'en empêcher; — mais, pour y réussir, il faut que je le voie. Si je tardais... »

Ici l'envoyé se tut et regarda tout autour de lui. La maîtresse de la maison était encore absente, deux

4

petits garçons dormaient paisiblement sur un large banc. Il était sur le point de reprendre son discours, lorsque soudain, à l'extrémité de la pièce, il aperçut deux yeux étincelants fixés sur lui et qui semblaient boire ses paroles. Il allait se lever et marcher sur cette vision inquiétante, quand, à sa grande surprise, il découvrit que ces deux yeux ardents étaient ceux d'une simple et gracieuse enfant qui, blottie dans un angle obscur de la chambre, le regardait comme un oiseau charmé.

Danilo avait suivi le regard de l'envoyé et découvrit l'objet de sa préoccupation.

« C'est ma fille, dit-il, ma brave enfant, sage au delà de son âge ; » et l'appelant : « Maroussia, dit-il, approche. »

Maroussia s'approcha.

C'était une vraie fillette ukrainienne, aux sourcils veloutés, aux joues brunies par le soleil, d'ensemble étrangement belle, belle par l'expression de sa charmante physionomie autant que par la pureté même de ses traits. Vrai type de la race. Elle portait une chemise brodée à la mode du pays, un jupon bleu foncé et une ceinture rouge; ses cheveux magnifiques, aux reflets dorés, étaient tressés en grosses nattes, et, quoique tressés, ils ondulaient encore et brillaient comme de la soie. Les filles du pays portent en été une couronne de fleurs. Maroussia avait encore quelques fleurs rouges dans ses cheveux.

III

COMPRENDS-TU CE QUE C'EST QU'UN SECRET?

« Maroussia, lui dit son père, tu écoutais notre conversation?

— Je ne voulais pas écouter, répondit Maroussia. Malgré moi d'abord j'entendais; mais, après avoir entendu, j'ai écouté.

— Et alors qu'as-tu entendu, mon enfant?

— J'ai tout entendu. »

Sa voix était admirablement timbrée.

« Dis-moi ce que tu as entendu, ma fille. »

Les yeux brillants de Maroussia se tournèrent vers l'envoyé de la Setch :

« J'ai compris qu'il était nécessaire que le grand ami de ce soir arrivât très-vite à Tchiguirine, et que pour le salut de l'Ukraine il fallait qu'il pût voir l'ataman.

— Tu as tout entendu, en effet, dit Danilo, et tout compris. Maintenant, écoute-moi, Maroussia. Ce que tu as entendu, tu n'en parleras à âme qui vive. Si quelqu'un t'interroge, tu ne sais rien. Comprends-tu ce que c'est qu'un secret?

— C'est quelque chose qu'il faut garder à tout prix, dit l'enfant.

— Eh bien, dit le père d'une voix grave, tu es dépositaire d'un secret.

— Oui, père, » dit Maroussia.

Maître Danilo n'en dit pas davantage. Maroussia n'eut point à faire de promesse, mais il y avait dans ces deux paroles : « Oui, père, » prononcées par cette enfant ainsi qu'elle le fit, de quoi rassurer plus incrédule que saint Thomas lui-même.

« Où est ta mère? demanda maître Danilo.

— Elle prépare le souper.

— Va lui dire que tes petits frères sont endormis. »

Maroussia se dirigea vers la porte, mais, au moment de l'ouvrir, elle s'arrêta subitement, prêtant l'oreille à un bruit étrange qui se faisait entendre du dehors. On eût dit une troupe de cavaliers galopant dans la direction de la maison. Rapidement le bruit grandit; des cris, des imprécations se mêlaient déjà aux hennissements des chevaux. En un instant ce fut un tumulte comme celui qu'aurait pu produire l'arrivée à fond de train de tout un détachement; des voix enrouées, des jurements se firent entendre.

La porte de la chambre s'ouvrit. La maîtresse de la maison, blanche comme un linge, apparut :

« Ce sont des soldats, un escadron, un régiment peut-être. Ils sont là...

— Il ne s'agit pas de perdre la tête, » dit Danilo.

L'envoyé de la Setch s'était levé, mais sans précipitation; les autres en firent autant. Pas une parole ne fut prononcée, chacun réfléchissait.

La mère de Maroussia assura la fermeture de la porte, et, le dos appuyé contre le chambranle, elle attendit les ordres de son mari. Maroussia s'était placée à côté de sa mère. Ses lèvres avaient un peu pâli, mais son visage était calme.

« Toi, Vorochilo, et toi, Krouk, dit Danilo, vous dormez. Ma femme et ma fille sont occupées à coudre ; moi je suis absent. J'ai été voir un ami. Vorochilo et Krouk étaient venus pour m'acheter mes bœufs ; ils ont peut-être trop bu, ils ronflent en m'attendant... Il s'agit de gagner du temps. »

Puis, s'adressant à l'envoyé de la Setch :

« Le devant de la maison seul est occupé ; la fenêtre de la cuisine donne sur le jardin. Suivez-moi. »

Le père, en sortant, avait échangé un regard avec sa fille.

Tout cela s'était exécuté aussi vite qu'un changement à vue dès longtemps préparé. Les deux hommes couchés sur les bancs dormaient aussi paisiblement que les petits frères. La maîtresse de la maison et sa fille cousaient. Maître Danilo et l'envoyé avaient disparu.

« Descendez de cheval et frappez à la porte, criait une voix rude du dehors.

— Tonnerre et sang, défoncez-la ! » hurla une autre voix plus impérieuse que la première.

La maîtresse de la maison, sans quitter son ouvrage, s'approcha de la fenêtre :

« Qui est là ? que voulez-vous ? » dit-elle d'une voix dont pas une note ne tremblait.

Mais, pour toute réponse, quelques vitres de la croisée volèrent en éclats, et, en même temps, une grosse figure rouge de colère, aux moustaches hérissées, se pencha à travers les carreaux cassés, jetant dans tous les coins et recoins de la chambre des regards irrités et méfiants.

« Qu'as-tu à me regarder? cria ce personnage; pourquoi n'ouvres-tu pas ta porte? Préfères-tu qu'on la jette à bas? »

La maîtresse de la maison, ainsi interpellée, avait reculé d'un pas.

« Les enfants dorment, dit-elle, — et le fait est qu'ils dormaient encore, les innocents, — les deux hommes dorment aussi. Ne faites pas tant de bruit.

— Ouvriras-tu, sotte créature? » vociféra la figure rouge.

La femme de Danilo, comme paralysée par la peur, ne fit pas un mouvement.

La porte était ébranlée sous les coups retentissants des assaillants, mais elle ne cédait pas.

L'homme à la figure rouge parvint à entrer de la moitié du corps par la fenêtre brisée, et dirigeant le canon d'un pistolet sur la poitrine de la maîtresse de la maison :

« Si dans une seconde ta porte n'est pas toute grande ouverte, cria-t-il, je t'abats comme une corneille. »

La femme de Danilo fit un pas vers la porte; on eût dit une statue de pierre essayant d'obéir à un ordre qu'elle ne comprenait pas.

« Femelle maudite! cria l'officier furieux. Mais

quelqu'un du dehors, le tirant en arrière, l'arracha de la fenêtre. La figure d'un autre officier se montra.

« Femme, dit celui-ci, le feu aura raison de votre porte et de la maison tout entière, et pas un de ses habitants n'en sortira vivant, si cette porte ne livre pas immédiatement passage à nos hommes. »

La maîtresse de la maison, comme folle de terreur, se précipita alors sur sa porte ; mais, soit maladresse, soit épouvante, il semblait que clefs ni verrous ne pussent lui obéir. « J'ouvre, disait-elle, j'ouvre, mes seigneurs, ne le voyez-vous pas? Mais cette serrure me fait perdre la tête ; il me faudra dès demain la faire arranger. »

Enfin la porte s'ouvrit.

Dieu sait que cela avait pris assez de temps. Soldats et officiers se précipitèrent dans la cabane et se mirent à en visiter tous les coins. On eût dit des loups en quête de leur proie tout à coup disparue.

Le plus petit des garçons, éveillé en sursaut, jetait des cris perçants. L'aîné regardait tout et ne bronchait pas.

« Braillard, te tairas-tu ! » dit un des officiers au petit frère qui criait.

L'officier à la figure rouge ne lui dit rien, mais d'un coup de pied il l'envoya rouler, muet enfin de terreur, sous le banc même sur lequel il venait de dormir.

« Lâche! dit le petit frère aîné. Lâche! quand je serai grand!... »

Le vilain homme à la figure rouge avait autre chose à faire que de l'entendre. D'un second coup de pied il avait fait lever Krouk, qui paraissait comme ivre de sommeil, et ouvrait et refermait alternativement, dans un pénible effort, des yeux ébahis.

Vorochilo, réveillé par les mêmes procédés, avait l'air de ne savoir que penser en regardant ses agresseurs. Il appelait le gros officier le compère Générasime, et l'autre le compère Stéphane; il adressait à l'un un sourire, à l'autre un clignement d'yeux de bonne amitié, puis retombait sur son banc en disant :

« Couchons-nous, il est l'heure. »

Les soldats le regardaient tour à tour :

« C'est lui, disaient les uns. Ce n'est pas lui, disaient les autres. Quel peuple de coquins! Il n'en est pas un qui ne soit un traître.

— Silence! » cria l'homme à la figure rouge.

Il s'était assis à une table, et faisant un signe brutal à la maîtresse de la maison :

« Approche, » lui dit-il.

Elle approcha.

« Qui est-tu? demanda-t-il

— Je suis la femme de Danilo Tchabane.

— Où est ton mari?

— Il est allé voir un ami.

— Attends, je vais t'apprendre ce que c'est qu'un

ami. » Il prit un knout que portait un de ses soldats, un knout richement orné et ciselé à la poignée.

« Et ces deux-là, ces deux ivrognes, ces deux chiens, qu'est-ce que c'est? »

Et pour mieux désigner les personnes, il cingla de son knout les épaules de Krouk, puis la figure de Vorochilo.

« Parleras-tu? » cria-t-il en faisant un bond menaçant vers elle.

La femme fit un mouvement de recul, comme elle eût fait, si elle se fût trouvée face à face tout à coup avec une bête féroce. Mais, après un effort pour surmonter son horreur, elle répondit :

« Ce sont mes voisins, seigneur; ils sont venus pour acheter des bœufs et s'étaient endormis en attendant mon mari absent.

— Oui, seigneur, nous sommes venus pour acheter trois bœufs à Danilo, dit Andry Krouk, qui finit enfin de s'éveiller. Oui, pour ces bœufs que nous avions promis de livrer demain, et nous ne trouvons pas maître Danilo à la maison; jugez quel désappointement. — Eh bien, dis-je au compère (il montra Vorochilo qui, réveillé aussi, paraissait cependant ne pas pouvoir encore ouvrir tout à fait ses paupières), eh bien, dis-je au compère, le maître n'y est pas, c'est fâcheux. — Oui, répondit le compère, c'est fâcheux, il n'y a rien à faire. — Quelle mauvaise chance! dis-je, mais que veux-tu! il n'y est pas. — Oui, répondit le compère, Danilo n'est pas là. — Voilà une journée perdue. — Oui, perdue, répondit-il, mais que veux-tu! — On ne peut jamais tout prévoir. — Oui, répondit le compère, on ne prévoit jamais tout. — Avec tout ça, le marché de demain?

— En finiras-tu, canaille? s'écria l'homme à la figure rouge. O traîtres, je la connais, votre naïveté! Soldats, ficelez-moi ces coquins et durement. »

Ce fut vite fait; Andry Krouk et Semène Vorochilo furent en un instant liés et garrottés.

En ce moment le maître de la maison entra.

« Qui es-tu? rugit l'homme à la figure rouge. (C'était décidément le chef de la bande.) Comment t'a-t-on laissé entrer ici?

— Je suis le maître de cette cabane, seigneur, répondit Danilo en faisant un salut. Vous êtes chez moi, — et je rentre.

— Holà! vous autres, mettez des sentinelles à la porte, et que personne n'entre ni ne sorte, m'entendez-vous? » dit l'officier à ses hommes. Puis s'adressant à Danilo :

« Si tu tiens à la vie, réponds-moi sans te faire prier. Où est le bandit que nous cherchons? Que ta réponse soit claire, Judas! Si tu me réponds par des balivernes, je te réduis en poudre. Tiens-toi cela pour dit. Où est le Zaporogue?

— Le Zaporogue, répondit Danilo avec calme et surprise, c'est pour la première fois que ce nom est prononcé devant moi. Je ne connais point de Zaporogue.

— A d'autres! hurla l'officier; veux-tu me faire accroire que vous ne connaissez pas les bandits qui vous mettent en mouvement? C'est comme si tu me disais que mes soldats ne connaissent pas leurs chefs. Ce Zaporogue est dans le pays, il est entré ici; où est-il? Avoue-le tout de suite, ou j'incendie ta bicoque et te fais rôtir dedans, toi, ta femelle et tes petits.

— Seigneur, répondit Danilo, j'affirme que je n'ai jamais entendu parler de celui que vous venez de nommer.

— Tu ne veux pas parler? Eh bien, soit! ton affaire est claire; — et, se tournant vers Vorochilo et Andry Krouk : Coquins, leur dit-il, vous ne connaissez sans doute pas non plus ce Zaporogue que la peste étouffe?

— Je vous demande bien pardon, seigneur, répondit Semène Vorochilo, qui paraissait plus mort que vif, et je....

— Parle donc, animal!

— Je l'ai vu

— Tu l'as vu et tu ne l'as pas sur-le-champ dénoncé, traître?

— J'ai eu trop peur, seigneur, j'ai perdu la tête, et puis....

— Et puis, drogue?

— Et puis, il était déjà parti!

— Où l'avais-tu vu?

— A la foire des bœufs, seigneur, à Frosny.

— Avec qui était-il?

— Avec un gros chien, seigneur, un gros chien noir, superbe, d'une très-belle race, qui aboyait comme les cent diables et qui ...

— Imbécile! chien toi-même! Ce n'est pas du chien qu'il s'agit, mais du maître et des infâmes de votre espèce. Ce Zaporogue n'était pas seul sans doute, une bande de vauriens le suivait, hein?

— Une bande de vauriens, seigneur, quelle bande?

— Triple sot! une foule d'hommes et de femmes couraient après lui?

— Oui, seigneur, toute une foule. On se bousculait, on criait.

— Les noms?...

— Quels noms, seigneur?

— Les noms de ceux qui couraient après lui.

— Mais c'était la foule, seigneur, rien que la foule.

— Ah! l'animal, la brute!

— Ne voyez-vous pas, dit l'autre officier, que ce paysan est un idiot? vous perdez votre temps avec lui.

— Vous m'étonnez, mon cher, dit un autre offilier qui était resté assis pendant toute cette scène. Pourquoi cette ardeur? Est-ce que nous n'avons pas le temps de saisir ce garnement? N'y a-t-il rien de plus pressé que de le fusiller? S'il nous a échappé, ce n'est pas pour longtemps. Oubliez-vous que, depuis ce matin, nous courons comme des enragés sans boire ni manger, et que cela n'est pas sain d'avoir l'estomac vide? Voyons, est-ce que cette maisonnette n'est pas agréable, et vous déplairait-il d'y faire un bon souper? Après souper, nous n'en serons que plus dispos pour reprendre la chasse aux bandits. Dieu de Dieu! mon cher, vous êtes rouge comme un coq! As-tu oublié, malheureux, les recommandations du docteur : « Pas d'émotions, pas de colères, exercice modéré, repas réguliers! » Et ta pauvre femme, qui m'a tant fait promettre de veiller sur toi et de te soigner comme un frère, elle serait dans un joli état, si elle avait pu voir dans quelles rages insensées tu te mets....

— Tais-toi, répondit l'homme à la figure rouge, d'une voix étranglée. Tais-toi, — et soupons. »

Et, se tournant vers Danilo :

« Tu as entendu? Que tout ce qu'il y a de bon dans ton garde-manger soit dans deux minutes sur cette table.... dans deux minutes! et il donna sur la table un coup de poing à faire trembler la maison.

— Odarka, dit Danilo à sa femme, dépêche-toi. »

Odarka sortit emportant dans ses bras ses deux petits garçons; l'aîné résistait, il ne voulait pas quitter son père.

Elle reparut bientôt les mains chargées de provisions. Elle était calme et ne disait rien. Cependant ses yeux parcouraient la cabane avec une certaine inquiétude.

Semène Vorochilo et Andry Krouk, les mains liées derrière le dos, les jambes empêchées par des cordes solides, étaient debout dans un angle de la chambre. Danilo, les bras croisés, se tenait dans un autre. A l'exception d'une sentinelle qui barrait la porte, les soldats avaient disparu. Les officiers, attablés, leurs sabres au côté, leurs pistolets sur la table, buvaient et mangeaient, riaient et causaient gaiement.

Mais la petite Maroussia, où était-elle donc?

La beauté des ciels ruthènes, l'éclat singulier et particulier de leurs astres, les profondeurs et les transparences de leurs azurs, sont une cause d'étonnement et d'envie naïve pour les rares Méridionaux qui visitent nos contrées.

La nuit, ce soir-là, était splendide. Maroussia, légère et silencieuse comme une ombre, avait disparu quelques instants après la rentrée de son père. Le regard de celui-ci, incompréhensible pour tout autre, lui avait-il appris ce qu'elle devait essayer de faire, ou n'avait-elle cédé qu'à sa propre inspiration? Toujours est-il que ce fut alors qu'elle s'était glissée, inaperçue de tous, hors de la salle, et qu'après avoir passé, aussi impalpable que la pensée, au milieu des soldats et des chevaux qui cernaient la maison, elle avait atteint le jardin.

Une fois là, l'enfant s'arrêta sous un grand cerisier, et de sa main pressa son cœur comme pour en arrêter les battements. Ce petit cœur battait à se rompre. Sa tête était en feu. Des larmes coulaient toutes chaudes de ses yeux. Elle était triste, triste à en mourir, mais non abattue. Elle croyait au salut, sans savoir d'où il pouvait venir. La brise rafraîchit son front et apaisa l'agitation de sa poitrine. Elle écouta. S'était-on aperçu de sa fuite? Le murmure confus, mais monotone, des voix des soldats, venait jusqu'à elle, et la rassura. Jusqu'à elle aussi les cris et les rires des officiers, dont aucune consigne ne réglait les ébats. Ils riaient, eux, mais elle, qu'allait-elle faire? Son regard se reposa sur cette maison qui renfermait encore tout ce qu'elle avait aimé et vénéré...

Que ces lieux lui étaient chers, et que chère aussi lui était toute son Ukraine! L'enfant se mit à genoux et baisa de ses deux lèvres brûlantes cette terre qu'elle allait peut-être abandonner.

« Mon Dieu, dit-elle, aide-moi! » Elle se releva fortifiée. Tout était incroyablement paisible sous les branches fleuries. Elle fit quelques pas en avant. Avec précaution, elle pénétra à droite dans le taillis. Mais rien. Alors, elle prit à gauche, écoutant toujours, respirant à peine. Son œil interrogeait toutes les ombres; — elle scruta jusqu'aux moindres réduits. Cherchait-elle quelqu'un?

La voici enfin sous les grands pommiers tout au

bout. Comment! rien encore, ni personne? Tout autour, elle a regardé une dernière fois. A la clarté des étoiles, on eût pu voir combien elle était pâle et anxieuse.

Elle eut un mouvement d'effroi; un oiseau plus troublé qu'elle avait brusquement quitté son nid. Elle eut aussi un sentiment de dépit. Un papillon réveillé par elle s'était jeté follement sur sa figure, et elle avait tressailli. Était-elle donc si faible?

Elle demeura longtemps appuyée contre un arbre dont le feuillage la protégeait, la cachait. La brise semait les fleurs blanches des pommiers sur le vert gazon. Elle se disait : c'est comme la neige! Elle craignait que le frémissement des feuilles arrêtât un autre bruit, le faible indice que sa tête penchée et son oreille tendue semblaient attendre, attendre toujours.

Ah! à quelques pas d'elle, entre deux arbres, se dresse.... Elle ne se trompe pas? N'est-ce qu'une ombre? Non : c'est la grande et svelte figure de l'ami nouveau pour qui souffre son père, sa mère aussi, — pour qui comme eux elle bravera tout. — La figure n'est plus immobile, elle glisse comme un serpent à travers les branches des arbres. Elle cherche, bien sûr, le petit passage caché qui conduit à la rivière.

D'un pas rapide Maroussia court après elle. Bientôt la rivière bruit. Une haie seule en sépare l'envoyé. Par-dessus cette haie il se penche et regarde, et, au pied d'un arbre énorme dont les branches se baignent dans le courant de la rivière, il a aperçu un bateau; — un bateau, c'est son affaire; la rivière, c'est partout le chemin qui ne trahit pas; il va franchir la haie qui l'en sépare. Tout à coup, deux petites mains s'emparent de son bras, — et tout bas une voix lui dit : « Non, non, pas cela, — pas le bateau! La rivière est un miroir sur lequel même de très-loin on voit tout. »

Bien sûr il fut très-étonné, plus étonné que s'il se fût trouvé inopinément entouré de dix soldats armés jusqu'aux dents, mais il n'en laissa rien paraître. On voyait que c'était un homme habitué dès longtemps à tous les genres de surprises.

Il regarda et reconnut la petite fille.

« Que fais-tu là, ma fillette? » lui demanda-t-il, souriant à l'enfant, comme s'il l'eût rencontrée à la promenade dans les circonstances les plus favorables à une conversation amicale. Mais il se passa quelques secondes avant que Maroussia, essoufflée et très-émue, pût ajouter quoi que ce soit aux paroles qu'elle lui avait tout d'abord adressées.

L'homme posa alors sa main sur la tête de l'enfant et la laissa caressante sur ses cheveux comme pour lui dire : « Remets-toi, mon petit enfant. » Il était, lui, la force, l'adresse, l'intrépidité, la vaillance; mais, dans ce moment, en face de cet oiseau palpitant, un divin rayon de bonté attendrie effaça tout, remplaça tout sur son mâle visage. Sa main puissante, accoutumée à manier les armes meurtrières et les rudes engins, se fit plus douce que celle d'une mère pour Maroussia ; son regard se mêla plein de tendresse au regard de Maroussia. La confiance était faite entre eux deux. Maroussia retrouva la parole.

« La rivière ne conduirait pas par là à Tchiguirine. C'est à Tchiguirine que tu dois te rendre. J'ai pensé à un moyen d'y aller.

— Je t'écoute, mon enfant, répondit le fugitif.

— Allons d'abord près de ce vieux mur, lui dit-elle, il nous cachera. »

Une fois derrière le vieux mur :

« Là-bas, dit elle, au loin dans la steppe, mon père a une petite cabane, une étable, où on laisse les grands bœufs en été quand on fait les foins, pour ne pas les ramener à la maison tous les soirs. Un gros chariot tout chargé de foin est devant la porte, qui devait être ramené demain par le père. Les bœufs attendent le lever du jour à l'étable. Nous serons là, toi et moi, dans une heure. Alors j'attellerai, nous attellerons les grands bœufs ; tu te cacheras dans le foin, et je te conduirai d'abord à la maison de maître Knich. Maître Knich est un ami de mon père et de tous ses amis. Il vient chez nous, et quand il vient, il cause avec les autres. Je pourrai tout lui dire, ou bien si tu ne veux pas, je ne dirai rien à maître Knich, mais je tâcherai de faire…. de faire…. »

Elle s'arrêta indécise, car elle ne savait pas bien ce qu'il y avait de mieux à décider sur ce point. Cependant elle reprit :

« Je ferai ce que tu me diras. Oh! je ferai tout! »

Lui, tout en l'écoutant, ses yeux devenaient humides :

« Qui t'a donné cette idée, Maroussia? »

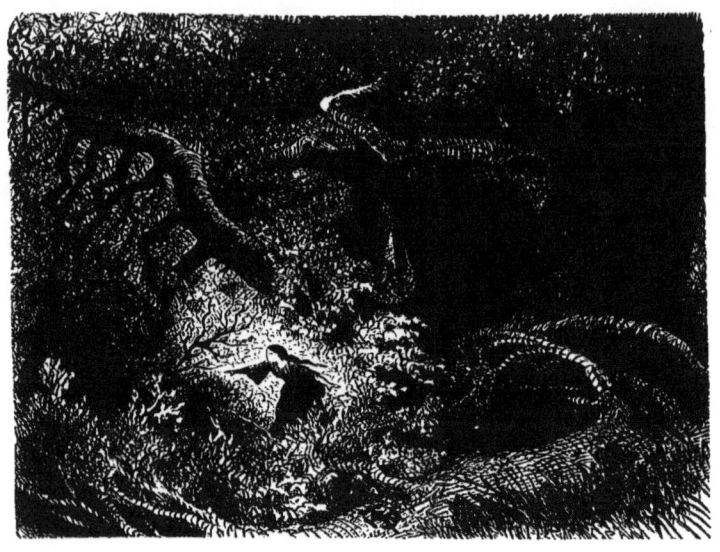

IV

UN CONTE DE BRIGANDS

« Je connais un conte de brigands qui m'y a fait penser, répondit la petite fille. Je me suis rappelé comment la femme du brigand s'était sauvée dans le conte, et je me suis dit : Nous ferons la même chose.

— Puisque nous avons à faire un chemin assez long pour aller à l'étable de la steppe, tu me raconteras cette histoire tout en marchant, n'est-ce pas?

— Je veux bien. Mais iras-tu à Tchiguirine? t'y conduirai-je?

— Assurément, répondit-il. Mais ton père m'approuvera-t-il de t'accepter pour guide? te grondera-t-il, après?

— C'est en pensant selon lui que j'agis; le père m'a regardée, j'ai compris, dit l'enfant. Ses yeux me disaient : Pour celui-là il faut tout quitter, même nous.

— Eh bien, alors, oui, je m'en remets à toi, petite; tu me conduiras, et, tout en me conduisant, tu me raconteras ton histoire. Marchons, Maroussia. Je t'écoute déjà ; j'aime beaucoup les contes de brigands. »

Il se prirent par la main et remontèrent le long du rivage. Au bout d'un instant, et comme l'enfant se taisait :

« Je suis tout oreilles, lui dit-il, et je n'entends rien encore. »

— Oh ! répondit-elle, je ne te raconterais pas bien l'histoire dans ce moment.

— Eh ! pourquoi, fillette?

— Nous ne sommes pas encore assez loin des soldats; j'écoute de leur côté. J'ai un peu peur, peur que nous ne... Cela me ferait tant de chagrin, si je ne parvenais pas à te faire arriver où tu peux faire le bien!

— Il faut faire ce qu'on doit : advienne que

pourra! ma petite amie. Nous allons à la grâce de Dieu, et sous sa main, mon enfant. »

Elle leva la tête et le regarda de tous ses yeux. Même à la lueur incertaine des étoiles, elle vit sur sa figure tant de confiance et de courage qu'elle se sentit rassurée.

« Ne me fais pas languir, Maroussia, je vois que tu ne sais pas combien j'aime les contes... »

Maroussia commença.

« Il était une fois un Cosaque qui maria sa fille à un beau jeune homme.

— Il a bien fait! Ton conte commence bien, si le marié était un brave garçon, » dit l'envoyé.

Maroussia hocha la tête de droite à gauche au lieu de répondre et continua :

« La jeune fille n'avait pas beaucoup d'amitié pour son fiancé. Il était beau, mais ses yeux ne lui paraissaient guère bons. Cependant, comme son père tenait beaucoup à ce mariage, elle obéit à son père et se maria.

« Dès que le mariage fut fait, le mari emmena sa jeune femme chez lui, bien loin, oh! très loin.

— Pauvre fille! dit l'envoyé, elle devait regretter son père et sa mère.

— La maison du mari était très-belle, elle était même superbe ; c'était comme un château ou un palais, mais un palais triste. Elle était bâtie dans une forêt si épaisse et si sombre, qu'on ne voyait presque pas le ciel à travers les cimes des grands arbres touffus. De chemins ou seulement de sentiers, il n'y avait pas même apparence tout autour. Le mari ne restait guère avec sa femme. Chaque soir, il l'embrassait et lui disait : « A bientôt, ma chère femme ; » puis il partait avec ses compagnons, et il restait quelquefois deux, trois et même dix jours absent.

— C'était très-mal, dit l'envoyé.

— Quand il revenait, il causait beaucoup plus avec ses camarades qu'avec sa femme. Il lui donnait toutes sortes de bijoux et de parures, c'est vrai; mais cela ne contentait pas la jeune mariée, elle n'était pas coquette ; elle se sentait très-malheureuse et fut prise peu à peu d'un violent chagrin.

« Elle se dit : « Puisque la vie est si triste, je
« veux mourir. Oui, c'est fini... »

« Mais la vie est plus longue que ça. Le proverbe a bien raison : « Le chagrin revient souvent, mais la mort ne vient qu'une fois. » Un jour qu'elle avait été laissée toute seule dans le grand château sombre, et que, malgré les pensées noires qui lui passaient par la tête, elle se sentait très-vive et très-alerte, elle se dit :

« Pourquoi resterais-je ainsi, assise et sans re-
« muer, à attendre la mort? Allons nous promener
« un peu. Je trouverai aussi bien la fin de mes maux
« dans le parterre que dans le coin de cet apparte-
« ment. »

« Et elle courut au parterre, qui faisait une petite ceinture de fleurs au château entre ses murs de pierre et la vaste forêt. Tout verdoyait, tout fleurissait dans le petit parterre. « Mourir, pensa-t-elle
« en regardant les fleurs, cela n'est pas déjà si bon.
« Ah! si j'étais heureuse, j'aimerais mieux vivre... »

« Alors elle pleura, mais, tout en pleurant, elle cueillit un charmant bouquet de muguet et de roses sauvages, et, le voyant si joli, si gai : « Où vais-je te
« mettre, mon pauvre bouquet? dit-elle à ses fleurs.
« Ma grande chambre est si désolée! tu n'y serais pas
« plus tôt que tu te fanerais.

« Il lui vint alors une autre idée : « Si je visitais
« les autres chambres, peut-être, dans le nombre, en
« trouverais-je une petite qui me plairait. »

« Aussitôt dit, aussitôt fait. Elle parcourut plusieurs chambres; toutes étaient grandes, riches et belles si l'on veut, mais désagréables.

« Ce n'est pas cela, non, ce n'est pas cela qu'il
« me faut, » pensait-elle, en allant de l'une dans l'autre.

Ici l'envoyé mit la main sur la bouche de la petite cousine :

« Attends un peu, lui dit-il tout bas.

— Tu as cru entendre quelque chose? » dit l'enfant.

L'envoyé s'était baissé et tenait son oreille contre la terre.

Quand il se releva :

« Le détachement a quitté la maison de ton père, dit-il ; les soldats s'éloignent au galop sur la gauche. S'ils emmenaient des prisonniers, ils ne galoperaient pas. Maroussia, je crois que la maison de ton père est tranquille.

— Béni soit Dieu ! » dit l'enfant.

Ils marchèrent quelque temps en silence ; chacun était à ses pensées.

Ce fut l'envoyé qui rompit le silence.

« La jeune femme, dit-il, allait donc d'une chambre à l'autre sans en trouver une à son gré, et elle disait : « Cherchons encore ! »

— Oui, dit Maroussia, voilà ce qu'elle se disait ! Tout à coup, elle trouve devant elle une porte très-étroite, mais solidement fermée et verrouillée, et qui avait un drôle d'air.

« Ah ! se dit-elle, c'est cette chambre qui est
« derrière cette petite porte qu'il me faut, j'en suis
« sûre. »

« Elle fit tous ses efforts pour ouvrir, mais la porte résistait, et, plus elle résistait, plus grandissait son envie d'y pénétrer.

— C'est cela, dit son ami, je reconnais bien là les jeunes femmes.

— Que veux-tu dire ? lui répondit Maroussia étonnée.

— Je veux dire que toutes les jeunes femmes aiment à savoir ce qu'il y a derrière une porte fermée.

— Les hommes seraient-ils autrement ?

— En général, ils sont plus raisonnables sous ce rapport.

— Plus raisonnables, repartit Maroussia d'un air entendu ; alors *raisonnable* voudrait dire qu'on ne désire pas assez une chose pour la faire ?

— Sais-tu, petite fille, que ce que tu dis là ne manque pas tout à fait de bon sens ? dit l'envoyé de Setch en riant. Cependant, il serait plus sage de dire « qu'il est plus raisonnable de ne rien trop désirer. » Mais, continue, Maroussia. Cette pauvre jeune femme a-t-elle fini par ouvrir la porte ?

— Oui, reprit la petite. Tant que dura le jour elle s'occupa à tailler le bois de la porte, et c'est ainsi que, à force de tailler et de tailler sans cesse, elle parvint à faire sauter les serrures et à entrer dans la chambre inconnue. D'abord elle se crut dans une boîte, il y faisait tout à fait noir. Contente d'y avoir pénétré, elle n'avait pu retenir, en y mettant les pieds, un *ah !* de satisfaction. Mais voilà que des quatre angles de la chambre noire, son *ah !* lui revint. Cela l'étonna, mais pas au point de lui faire peur ; elle en conclut, après réflexion, que cela voulait dire que la chambre était sonore parce qu'elle était très-peu ou pas du tout meublée. En effet, ses yeux, en s'habituant à l'obscurité, virent que sa déduction était juste, et que c'était pour cela que l'écho lui avait renvoyé plusieurs *ah !* à la place du sien. Elle tâtonna encore et encore. Ses doigts ne rencontraient ni portes ni fenêtres. Les quatre murs étaient lisses partout. Découragée, elle allait s'en retourner, quand, tout à coup, à droite de la petite porte d'entrée, sa main heurta contre une petite tablette sur laquelle elle trouva une lanterne et tout ce qu'il fallait pour l'allumer ; tu penses bien que vite elle l'alluma, mais sa lanterne ne lui fit pas découvrir d'autre issue à la chambre. Toutefois elle s'obstina : « Cette chambre unie n'est pas un but ; « elle est pour conduire quelque part. Elle doit cacher « un passage. Je ne sortirai pas sans l'avoir trouvé. »

— C'était une entêtée, dit l'envoyé.

— Oh ! non ; mais que veux-tu, quelque chose la poussait, elle avait son idée ! Elle se disait bien : « Mon mari peut arriver, et, s'il arrive, qui sait s'il « ne trouvera pas à redire à ma curiosité ? » mais, tout de même, elle continua ses recherches.

— Vive la persévérance féminine ! fit l'envoyé, qui suivait le récit de Maroussia avec beaucoup d'intérêt.

— Elle tourna dans la chambre tant et tant, que, à la fin, elle heurta du pied un anneau de fer...

« Elle approcha sa lanterne : c'était une trappe dans le parquet.

« Il lui sembla que de la vie elle n'avait été si contente.

« La trappe était bien lourde pour elle ; mais, quand on veut bien une chose, on arrive presque toujours à la faire. Elle faillit s'y casser les dix doigts ; cependant, à la fin, elle souleva la trappe.

« Elle distingua alors les marches d'un étroit escalier qui aboutissait à un grand trou noir. Elle était partie, ce n'était pas pour s'arrêter. « C'est égal, « dit-elle, quoique cela ait l'air terrible, je descen- « drai là-dedans. »

« Et elle y descendit.

— Elle était brave, dit l'envoyé.

— Elle s'attendait bien à voir quelque chose d'inquiétant ; mais ce qu'elle aperçut surpassa tout ce qu'elle avait rêvé de plus horrible.

— Ah ! mon Dieu !

— La cave était tout encombrée de haches, de sabres, de poignards, de piques, de lances, de grands couteaux, de massues, de splendides vêtements ensanglantés, de colliers de perles, de parures en diamants, de bijoux en rubis et en émeraudes, de turquoises et de saphirs, de riches étoffes. Tout cela était pêle-mêle, et partout des traces de sang. Cependant elle doutait encore, quand sa vue fut attirée sur quelque chose de blanc comme neige qui se détachait sur un morceau de velours noir. C'est à peine si on ose le dire : c'était une main blanche, blanche comme une main de marbre détachée de son bras, une gracieuse main de femme toute chargée de bagues précieuses.

« Le moyen de douter encore !

« Elle se dit en frémissant : « Mon mari est un
« chef de brigands. Notre château est pire qu'une
« caverne. » Et cela lui fit une peine affreuse. »

Maroussia se tut un instant. Sa petite main s'était glacée dans la grande main de l'envoyé. L'envoyé de de la Setch s'en était bien aperçu. L'histoire était trop épouvantable ; il se reprochait d'avoir excité son pauvre petit guide à la dire. Ils marchaient toujours. Les algues et les joncs bruissaient sur le bord des eaux tranquilles, la brise les agitait à peine.

« Restes-en là de cette histoire, dit l'envoyé à Maroussia, cela te ferait du mal d'aller jusqu'au bout, surtout si c'est plus terrible encore.

—Plus terrible peut-être ; mais qu'importe ? c'est le bout qu'il faut que tu saches pour bien comprendre mon idée. Et, s'étant raffermie, Maroussia continua :

« La jeune mariée avait beaucoup à réfléchir sur ce qu'elle venait de découvrir. Elle demanda à Dieu de l'inspirer.

« Avant tout, il fallait sortir de l'épouvantable souterrain. Elle en sortit, referma la trappe, remit la lanterne à sa place, tira bien toutes les portes derrière elle, et, plus morte que vive, elle rentra dans sa chambre. Elle était plus malheureuse cent fois depuis sa découverte, et cependant elle ne voulait plus mourir, elle voulait se sauver.

« Mais comment faire ? »

Ici Maroussia tressaillit. Un bruit s'était fait entendre, le bruit de quelqu'un ou de quelque chose qui serait tombé ou se serait jeté dans la rivière.

« Rassure-toi, dit l'envoyé, c'est quelque animal, une loutre peut-être, qui a voulu traverser l'eau, peut-être un gros poisson qui a fait un de ses sauts hors de l'eau et qui a sauté plus haut qu'à l'ordinaire.

— Oui, oui, dit Maroussia, ce n'est que cela. Et revenant tout de suite à l'histoire :

« Comment faire, en effet? » se disait la jeune dame. La forêt inextricable entourait de tous les côtés sa demeure. On n'y voyait aucune issue. Certainement elle pouvait se glisser, au risque de beaucoup de déchirures, entre les épais taillis. Mais après? savait-elle où cela la conduirait! Il est si facile de s'égarer dans toute forêt! Qui pouvait dire si, après une longue journée de marche, elle ne se retrouverait pas à son point de départ, en face de son mari irrité? « Comment faire, comment faire? » se répétait-elle à elle-même.

« Dussé-je périr en route, se dit-elle à la fin, il « faut que je me sauve, et je me sauverai. »

— Voilà ce qui s'appelle avoir du vrai courage, » dit l'envoyé.

Malgré les graves préoccupations qui l'assiégeaient, il était très-attentif au récit que, tout en marchant, sa petite compagne lui faisait. Par la manière dont il y plaçait de temps en temps son mot, Maroussia s'en aperçut et cela lui faisait plaisir.

« Cela le distrait, » pensait-elle.

Elle aurait bien voulu abréger, mais peut-être alors comprendrait-il moins bien, et d'ailleurs ils avaient le temps, elle de tout dire, lui de tout entendre; la cabane de la steppe, l'étable aux grands bœufs, étaient encore loin.

Elle reprit donc :

« La jeune dame descendit de nouveau dans le parterre. Elle examina le réseau d'arbres, le mur vert qui l'entourait comme une barrière. Les arbres étaient si serrés les uns contre les autres, ils s'élevaient si haut, qu'elle ne pouvait apercevoir leurs cimes qu'en se penchant en arrière.

« Pourtant, se disait-elle, quand ils s'en vont
« tous, ils savent bien trouver un passage ; cherchons
« par là d'abord, » et elle prit sur sa droite. Mais elle avait à peine fait quelques pas qu'elle entendit comme le bruit d'un piaffement de chevaux.

« Elle s'arrêta, retenant son haleine, et, protégée par le tronc d'un gros arbre, se mit à écouter. Elle ne s'était pas trompée, c'était bien le bruit que peut faire une troupe de cavaliers marchant avec précaution sur un terrain difficile.

« Faut-il attendre, faut-il avancer? » pensa-t-elle. Elle se répétait intérieurement pour la vingtième fois cette question, quand elle aperçut le visage pâle de son mari sortant du taillis dont ses mains écartaient les branches. Ses compagnons habituels le suivaient. Ils avaient tous l'air de sortir, comme par magie, de cette enceinte de verdure. Il n'y avait pas trace de chemin frayé à l'endroit où ils lui apparaissaient.

« Elle avait eu tout juste le temps de se mieux cacher dans le fourré. Elle put examiner son mari. Il était descendu de cheval et s'avançait à pas lents. Combien il avait l'air triste, et combien fatigué ! Sous l'impression de quelles sombres pensées baissait-il les yeux ?

« Que n'est-il autre ? se dit-elle ; à être vu ainsi, « il ferait quelque pitié. » Quant à ses compagnons, ah ! qu'ils étaient farouches ! quelles effrayantes figures !

« Son mari passa sans s'en douter tout près d'elle ; les autres passèrent aussi. Elle remarqua avec horreur que plusieurs avaient des taches rouges sur leurs vêtements.

« Bientôt la voix de son mari se fit entendre. Il l'appelait.

« Non, le moment n'était pas venu où elle pouvait s'enfuir à jamais. Elle sortit courageusement du fourré et se présenta devant lui.

« — Vous êtes bien pâle, lui dit-il, et l'on dirait « que vous tremblez. Vous aurez eu froid sous ces « arbres ; ne vous y aventurez plus désormais. »

« Tirant de sa poche un petit objet :

« — Tenez, dit-il, j'ai pensé à vous. »

8

« Il lui présenta une bague qui brillait comme un petit soleil :

« — La voulez-vous?

« Elle prit, comme on dit, son courage à deux mains pour ne pas repousser cette offrande, et lui demanda d'où pouvait lui venir un joyau d'un tel prix.

« Si ma question l'embarrasse, se disait-elle, si
« quelque trouble peut se lire sur ses traits, ce sera
« une preuve qu'il n'est pas tout à fait endurci. »

« Mais il lui répondit presque gaiement :

« — Je l'ai attrapé à la chasse, ma mie.

« — A la chasse? » dit-elle.

« Et en même temps elle pensait : « Quoi qu'il
« arrive, j'irai jusqu'au bout ; je veux savoir enfin
« et de lui-même à quoi m'en tenir. » Elle ajouta donc : « La chasse aux bijoux ? en vérité, c'est une
« chasse d'un genre nouveau et qui n'est que pour
« vous ; de ma vie je n'avais entendu parler d'une
« chasse si étrange.

« — Moins étrange que vous ne pensez, dit-il,
« mais fatigante à coup sûr, et même si fatigante,
« qu'après s'y être livrés les plus intrépides ont be-
« soin de repos. C'est mon cas, en ce moment même,
« ma chère, et avec votre permission nous allons
« tous aller dormir. Je tombe de sommeil. A quel-
« ques jours, si vous êtes sage, je vous emmènerai à
« une de ces chasses avec moi, et j'espère bien que
« vous y prendrez goût. »

« Là-dessus il la quitta en riant, d'un rire qui lui donna la chair de poule, et alla se coucher dans l'aile du vieux manoir où ils habitaient tous. Ses compagnons en firent autant. Quelques instants après, elle était à coup sûr la seule qui ne dormît pas dans le château.

« Quand elle s'en fut assurée, elle se dit : « Main-
« tenant, sauvons-nous. »

A ce moment, l'envoyé sentit la main de Maroussia serrer vivement la sienne.

« Qu'y a-t-il ? » lui dit-il.

L'enfant, mettant un doigt sur ses lèvres pour lui recommander le silence, lui montra deux yeux verts qui brillaient dans un gros buisson sur le revers du sentier.

L'envoyé avait un bâton de houx à la main. Il alla droit au fourré.

« Prends garde ! » lui cria la petite fille.

Mais déjà l'envoyé avait, de la pointe de son bâton, fouillé le fourré. Un bruit singulier se fit entendre, c'était le bruit d'ailes d'un grand oiseau de proie qui, dérangé dans sa retraite, s'envolait lourdement en poussant un cri funèbre.

« Est-ce mauvais signe ? dit Maroussia.

— Il n'y a pas de mauvais signe, » lui répondit son grand ami en lui donnant une petite tape sur la joue.

Maroussia continua son récit :

« Pour reprendre des forces, la jeune dame s'assit au pied d'un rocher moussu, qui semblait pris comme dans des tenailles énormes entre les grosses racines d'un arbre gigantesque, et y chercha un appui. Bien légère elle était, et cependant si brusquement le rocher céda sous son poids qu'elle tomba à la renverse.

— Bon ! dit l'envoyé, c'était le point de passage des bandits...

— Oui, c'était le passage, la porte mystérieuse. Elle fut si étonnée de sa chute qu'elle demeura quelques minutes sans oser bouger. Où était-elle? Au-dessus de sa tête s'arrondissait, en forme de voûte, une galerie vert sombre où la lumière ne filtrait qu'en étoiles microscopiques, en rayons fins comme des cheveux, et çà et là de petits points de ciel bleu.

« Revenue de sa surprise, elle se releva, marqua avec une pierre blanche la place de l'entrée invisible, et eut la sagesse de retourner au château pour s'assurer de ce que faisaient son mari et ses compagnons.

« Ils dormaient tous profondément, comme il arrive à qui a fait plus que ses forces. Sur la pointe des pieds, elle alla de porte en porte, poussant sans bruit tous les verrous, fermant tous les volets. C'était une bonne précaution; elle en prit encore une autre qui n'était pas mauvaise non plus : ce fut de changer vite ses vêtements, qu'elle portait toujours blancs, contre des noirs ; puis elle alla d'un air indifférent à l'endroit marqué par sa pierre blanche. Quand elle l'eut retrouvée, elle dit : « Mon Dieu ! » et poussa un grand soupir ; mais il ne s'agissait pas de soupirer seulement. Elle s'adossa au rocher comme la première fois et fit tout de suite sa seconde culbute. La haute porte de pierre qui simulait le rocher était, paraît-il, arrangée pour se refermer toute seule. La voici remise bien vite sur ses pieds et debout sous la galerie ; elle se met à marcher, puis à courir.

« Au bout d'une demi-heure, elle arriva à un point auquel aboutissaient plus de dix chemins s'en allant tous dans différentes directions. Lequel prendre ? C'était bien embarrassant.

— Certes, dit l'envoyé.

— Elle fit quelques pas dans l'un, puis dans un autre, et ainsi de suite, comme pour les essayer. Il importait de ne pas se tromper. Le malheur est qu'ils se ressemblaient tous, ce qui rendait difficile de préférer celui-ci à celui-là. Cependant, dans un de ces embranchements, elle aperçut quelque chose de blanc. Elle y courut. C'était un petit mouchoir très-fin, bien brodé à ses encoignures.

« J'entends quelque chose qui nous suit, » dit Maroussia, interrompant son récit. L'envoyé avait entendu aussi. Il prit Maroussia par le bras, se plaça devant elle, son bâton levé.

« Ah ! dit Maroussia, c'est un très-grand chien. »

L'envoyé fit un bond si brusque que Maroussia ne put pas s'expliquer comment si vite, d'un coup de son bâton asséné, il avait pu abattre l'animal pris au dépourvu.

Que se passait-il entre la bête et l'homme? L'envoyé avait un genou en terre. Quand il se releva, l'animal gisait sans vie à ses pieds.

« C'était un loup, dit-il tranquillement à l'enfant, et il fallait qu'il eût bien faim pour nous suivre de si près. »

Le loup était mort.

« Oh! dit Maroussia à son ami, tu n'as peur de rien.

— Mais si, dit l'envoyé, j'ai peur de tout ce qui interrompt ton histoire. Donc, la femme du bandit avait trouvé un mouchoir.

— Oui, dit Maroussia.

« La vue de ce fin mouchoir, qui sentait très-bon et n'avait pas pu appartenir à un homme, lui avait donné à penser.

« Ils ont passé par là ce matin, se dit-elle, et s'il
« en est ainsi, ils n'ont probablement plus rien à y
« faire. Il faut que je préfère ce chemin. »

« Mais, avant de s'y engager, la bonne idée lui vint d'accrocher un joli ruban rouge qui ornait sa chemisette à une branche qui s'avançait sur le sentier opposé à celui qu'elle allait prendre, de manière qu'on pût le voir d'assez loin. « Ils verront ce petit

« ruban-là et ainsi se mettront à ma poursuite par
« le chemin que je n'aurai pas pris. » Pour les dépister, ce n'était pas mal trouvé, dis?

— C'était très-bien trouvé, fit l'envoyé.

— Contente d'avoir pensé à cela, comme une biche elle se jeta dans le sentier du mouchoir brodé. Elle y courut toute la journée. La soirée vint; l'obscurité était si complète, qu'elle ne savait plus ce qu'elle avait au-dessus de sa tête, si c'était voûte de rochers ou dôme de feuillage.

« Marchons toujours, toujours, se disait-elle,
« quand la lassitude la prenait. Dieu qui m'a con-
« duite ici ne m'y abandonnera pas. » Tout à coup elle se heurta. Le chemin faisait là un brusque détour; mais au lieu de se plaindre du mal qu'elle venait de se faire, elle fut tout près, dans sa surprise, de pousser un cri de joie.

« Toutes les étoiles du ciel brillaient enfin au-dessus de sa tête; aucune voûte ni de pierres ni de branches entre-croisées ne pesait plus sur elle, elle était dans une grande clairière!

— Ah, tant mieux! dit l'envoyé, cela me soulage pour elle. »

Maroussia, pour toute réponse, hocha la tête et lui serra la main plus fort.

« Malheureusement, la pauvre femme du chef des bandits n'eut pas longtemps à se réjouir, car elle entendit tout de suite très-distinctement des voix, des cris et le bruit que font des chevaux arrivant au galop.

« Que faire encore? où trouver un refuge? comment devenir invisible? Rentrer dans la galerie? Jamais! ce serait retourner au château.

« Il y avait dans cette clairière un grand chêne aux branches touffues qui descendaient jusqu'à terre. En un clin d'œil, de branche en branche, comme une fauvette éperdue, elle grimpa au plus haut. Elle avait bien fait de ne pas perdre une minute; un instant après, tous les bandits débouchaient de cinq ou six côtés à la fois, car toutes les galeries aboutissaient à cette clairière.

« — Eh bien! cria une voix bien connue d'elle à cinq cavaliers qui arrivaient...

« — Rien, répondait l'un. Je n'ai trouvé que ceci, » et il montrait un ruban rouge.

« De ce ruban le chef n'eut souci. Savait-il que sa femme en eût jamais eu de pareil? Il était bien trop indifférent pour cela.

« — Je n'ai vu personne, répondait l'autre.

« — Aucune trace, » disait un troisième.

« Et tous ainsi l'un après l'autre.

« — Cherchons encore! s'écria le mari ; — morte
« ou vive, il faut que nous la retrouvions. Allons!
« en route! — notre salut à tous en dépend. »

« Il n'acheva pas sa phrase, quelque chose avait frappé sa vue.

IV

IL SONDA DE SA LANCE LES BRANCHES SUPÉRIEURES.

« D'un bond il avait sauté en bas de son cheval et, s'étant baissé, il avait ramassé par terre un objet qu'il examinait.

« — Un mouchoir, cria-t-il aux autres, un mou-
« choir de femme! Celle que nous cherchons n'est
« pas loin. »

— Malheur! fit l'envoyé, puisqu'elle devait le perdre, elle eût mieux fait de ne pas le ramasser.

« L'herbe était haute et épaisse. Les voilà tous à battre le terrain, ceux-ci des pieds et des mains, ceux-là avec leurs sabres et leurs piques; ceux-ci écrasant les arbrisseaux sous les pieds de leurs chevaux, ceux-là les abattant à coups de hache pour s'assurer si la fugitive ne s'y serait pas ménagé une retraite.

« Ils ne trouvèrent rien du tout.

« Cependant, le mari regardait en l'air du côté du grand chêne touffu :

« Ce feuillage est bien épais, se disait-il ; toutes les femmes sont des oiseaux. Qui sait si ma femme
« n'a pas été se percher là-haut? »

« Il prend une lance de la main d'un de ses hommes, grimpe sur les premières branches et, se tenant d'une main, de l'autre il se mit à sonder et à transpercer du fer de sa lance les branches supérieures.

— Pauvre femme! dit l'envoyé, c'en est fait d'elle...

— Comme elle avait bien fait de mettre sa robe noire! dit Maroussia. Grâce à cette couleur de nuit, son mari ne l'apercevait pas. Il lançait dans l'épais feuillage le fer de sa lance, à tâtons, au hasard, et, de préférence, dans les parties les plus sombres. Terrifiée, muette, immobile, entourant de ses bras crispés la branche qui lui servait d'appui, elle recommandait son âme à Dieu en lui demandant de faire son corps invisible.

« Trois fois un fer froid lui entra dans les chairs; son sang tombait comme une rosée. Eh bien! elle ne bougea pas, elle eut ce courage, elle ne fit ni un cri ni même un : ah !

— C'est navrant, ton histoire, Maroussia. Ah! l'infortunée! »

Maroussia, tout à son récit, continua :

« Le lieutenant de son mari, voyant que tout était inutile, dit à son capitaine d'un ton bourru :

« — Le temps perdu par nous dans cette clairière
« est tout profit pour celle que nous cherchons. Le
« village est tout près, la ville n'est pas loin. Si nous
« restons ici un quart d'heure de plus, votre femme
« y arrivera avant nous, mon capitaine. C'est peut-
« être fait. »

« A la pensée que sa femme, évidemment maîtresse de son secret, pouvait lui échapper et que sa vie serait connue... une imprécation sortit de la bouche du capitaine :

« — A cheval! cria-t-il, à cheval et ventre à terre! »

« Ils piquèrent des deux et partirent comme des coups de canon.

« Il était temps; la pauvre femme ne pouvait plus se tenir; elle se laissa choir sur l'herbe au risque de se tuer. »

Maroussia, en ce moment, fit un pas en arrière :

« Entends-tu? dit-elle.

— C'est un coup de feu, lui répondit l'envoyé; c'est le troisième depuis que nous marchons. Mais que cela ne t'inquiète pas, c'est devant nous et assez loin. Dans des temps comme ceux-ci, les fusils partent tout seuls et partout. Ce n'est pas dans notre direction qu'ils se tirent ni dans celle de la maison de ton père.

— Tu es sûr? dit-elle.

— Très-sûr. Si tu entends de nouvelles détonations, n'y prends pas garde. Il faut se faire à ces bruits-là, et reviens à ton histoire.

— La pauvre femme est par terre. Je ne sais pas au juste combien d'heures elle y resta évanouie, dit Maroussia. Quand elle revint à elle, la nuit n'était plus si noire; un coin du ciel était déjà tout rose. Les oiseaux commençaient à se réveiller, et l'herbe, tout humide de rosée, semblait parsemée de perles blanches. Elle trouva encore assez de force pour étancher le sang de ses blessures. Elle mit son fin jupon en morceaux pour s'en faire des bandages. Pourrait-elle marcher? Elle perdait beaucoup de son sang.

« Mais il fallait marcher, elle marcha. Elle marcha péniblement ; ses bras et son côté avaient été atteints par les coups de pique. Peu à peu, le mouvement même la ranima.

— J'aime cette vaillante, dit l'envoyé.

— Elle s'aperçut alors qu'elle était sur une grande route frayée ; cela ajouta à son courage. Mais, malgré tout, elle n'aurait pas été loin et se sentait faiblir, quand par grand bonheur elle entendit un bruit de roues.

« Une énorme voiture chargée d'une montagne de foin, — écoute-moi bien, — s'avançait lentement, traînée par deux bœufs vigoureux, aux grandes cornes recourbées. A côté de la voiture marchait un vieux homme qui chantait nonchalamment une chanson guerrière.

« Elle hâta le pas et parvint à rattraper la voiture et son guide :

« Sauvez-moi, dit-elle au vieillard. Par pitié! Je « n'ai pas la force de gagner à pied le village ! »

« Mais en même temps elle entendit au loin les cris des brigands qui revenaient sur leurs pas. Le lever du jour les forçait de rentrer, sans doute. Il n'est pas possible à des gens comme ceux-là de voyager à ciel clair.

« Je suis perdue, dit-elle au vieux. Ces gens qui
« viennent sont des bandits et mon mari est leur
« chef.

« Cache-toi dans le foin, lui dit le vieux, et reste
« tranquille, si tu peux. Alerte ! »

— Le brave vieux ! dit l'envoyé.

— Bien vite elle fut cachée dans le foin et s'y tint
sans remuer. En peu de temps les brigands furent à
portée de la voiture qui avançait lourdement.

« — Hé, toi ! cria le chef au vieux, qui marchait
« à côté de ses bœufs en fumant sa pipe, n'as-tu pas
« rencontré sur ta route une jeune femme qui sem-
« blait s'enfuir ?

« — Une jeune femme? répéta le vieux en se frot-
« tant le front comme pour y chercher ses souve-
« nirs...

« — Eh oui ! une jeune femme?

« — Tiens ! une jeune femme...

« — Veux-tu répondre ?

« — Pourquoi pas?

« — Alors, réponds.

« — Je n'ai pas vu de jeune femme.

« — En es-tu sûr? Cependant elle devait faire le
« même chemin que toi...

« — Ah! vous savez ! je ne dis pas non ; mais je
« n'ai rien vu. Je n'ai pas déjà les yeux si bons depuis
« tantôt deux ans. Que voulez-vous, on vieillit, on
« n'est pas éternel.

« — Ce vieux a l'air d'un fin renard, dit le lieute-
« nant, il se moque de nous.

« — Sais-tu à qui tu as affaire? lui demanda le
« chef.

« — Comment le saurais-je? répondit le vieux.
« C'est la première fois que nous causons ensemble.
« D'ailleurs, soyez ce que vous voudrez, des seigneurs
« ou des brigands, qu'est-ce que ça peut faire à un
« pauvre vieux comme moi, qui n'a ni sou ni maille?

« — Tu as ta vie, dit le lieutenant.

« — Ma vie? répondit le paysan. J'en ai par-dessus
« la tête, de ma vie. Avec ça que c'est agréable de
« tant vivre et si durement!

« — Nous te la laisserons, ta vie, vieux bavard,
« mais nous allons te prendre ton foin.

« — Mon foin n'est pas mon foin. Quand on vous
« dit qu'on n'a rien au monde, ça ne veut pas dire
« qu'on ait une montagne de foin comme celle-là à
« mettre dans sa poche. Si vous voulez la voler, vo-
« lez-la, mais entamez-moi un peu la peau tout
« d'abord ; si je reviens sans accroc et sans foin, le
« maître, qui ne plaisante point, croira que je l'ai
« vendu pour boire ; — autant être roué de coups
« par vous que par lui.

« — Vieux drôle! répondit le lieutenant, qui avait
« peine à s'empêcher de rire. Nous ne voulons de
« ton foin que de quoi offrir à déjeuner à nos che-
« vaux.

« — A la bonne heure, dit le vieux, mais laissez-
« moi vous servir moi-même, et m'y prendre de façon
« à ce qu'il y paraisse le moins possible. Si ça peut
« se faire sans défigurer mon chargement, je m'en
« tirerai peut-être.

« En avez-vous assez? dit-il après avoir enlevé avec
« précaution une dizaine de bottes de foin de sa voi-
« ture. Dame! un peu plus, et ça ferait du vide. Ça se
« verrait et ma peau les payerait. Peut-être que
« comme ça, si le maître ne compte pas ses bottes,
« ça passera. »

« Le lieutenant fit un signe de tête comme pour
dire : Cela suffit, — et le capitaine s'adressant au
paysan :

« Tu peux partir, mais j'ai deux conseils à te
« donner. Le premier, c'est de ne pas te retourner
« pour voir ce qui se passera derrière toi. Le se-
« cond, c'est de ne parler à personne de ta ren-
« contre.

« — On sait garder un secret, répondit d'un air
« naïf le vieux paysan. Je suivrai vos deux con-
« seils. »

« Et il piqua ses bœufs pour leur donner le signal
du départ.

« Au bout de dix minutes il put entendre le galop
des chevaux de ses voleurs. Le bruit diminua peu à
peu, puis s'éteignit.

« — Ils sont rentrés dans le bois, dit le vieillard,

« comme s'il se fût parlé à lui-même, mais ce n'est
« pas une raison pour chanter encore victoire. »

« L'avis était bon et il fut suivi. La jeune femme enterrée dans son foin ne bougea ni ne souffla pas plus que si elle eût été dans la terre. Une demi-heure plus tard, le village, c'était mieux qu'un village, c'était bien une petite ville, se fit voir. La voiture alla droit devant elle tout le long d'une grande rue comme si de rien n'était. Bientôt elle entra par une grande porte dans une cour.

« — Allons, dit alors le vieux homme, Dieu l'a
« voulu : c'est fait. »

« Ce fut ainsi que la femme du capitaine de bandits fut enfin sauvée.

« On la mena chez des gens aisés et charitables où tout le monde eut soin d'elle jusqu'au moment où son père, désabusé sur le mariage imprudent qu'il lui avait fait faire, vint la reprendre.

« On fit cerner la forêt, espérant prendre les bandits au gîte; mais il était déjà trop tard, le château était abandonné quand la justice y arriva. Se sentant en danger d'y être découverts, ils n'avaient pas osé y rester.

—Tant pis! dit l'envoyé; mais la femme était sauvée, c'était le principal. Ma foi! ton conte est très-intéressant, et tu as bien fait de me le raconter tout au long. Les bons contes font les chemins plus courts.

— Si je t'ai raconté celui-là, dit Maroussia, c'est parce qu'il pouvait nous servir.

— Je l'ai compris, mon enfant, dit l'envoyé, bien compris. Ah! nous nous entendons bien.

« Tout de même, ajouta-t-il, l'histoire de la main blanche aux diamants et des coups de pique dans le feuillage du grand chêne m'a fait frissonner. »

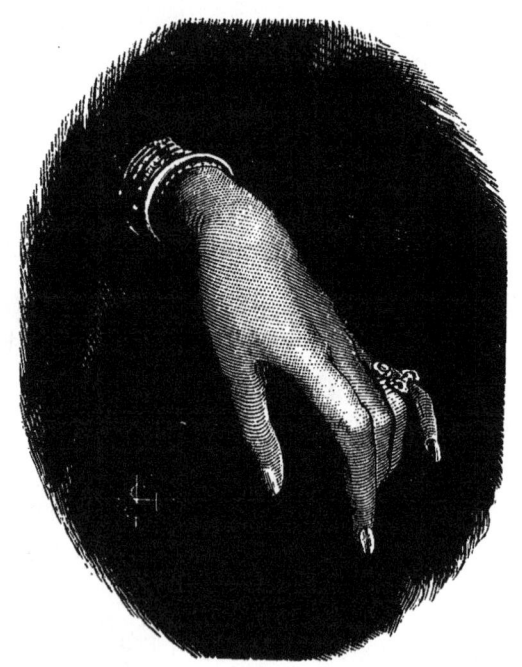

V

LA FUITE

Il faisait encore nuit, mais la brise matinale se faisait déjà sentir. Dans un couvent lointain, on entendait sonner les matines ; les joncs du rivage pliaient et résonnaient ; les eaux de la rivière jusquelà paisibles, rencontrant ici des roches qui leur faisaient obstacle, commençaient à tourner, à bouillonner, à se précipiter avec un grand bruit dans une sorte de gouffre.

« Il faut maintenant tourner à gauche, » dit Maroussia.

Deux minutes après, ils entraient dans la steppe.

Jusque-là ils avaient marché sur le bord de la rivière, presque toujours abrités par les arbres qui la bordaient.

Maroussia et l'envoyé, bien que très-pressés, s'arrêtèrent involontairement et respirèrent à pleine poitrine l'air vivifiant et doux de cette plaine.

« Regarde de ce côté, dit Maroussia. Ce point noir là-bas, c'est l'étable dont je t'ai parlé. Maintenant, il faut encore une fois tourner à gauche : les bœufs seront là.

— Tournons encore à gauche, » fit l'envoyé.

La steppe se déroulait devant eux à perte de vue ; de hautes meules de foin fraîchement empilées arrêtaient seules le regard.

L'envoyé monta sur l'une de ces meules pour examiner l'horizon.

« Ne te tiens pas debout ! lui cria Maroussia ; tu es trop grand, on te verrait de loin comme un clocher. »

Tout semblait tranquille. L'envoyé fit signe à Maroussia de venir voir à ses côtés, et voulait l'aider à monter ; mais ce n'était pas nécessaire, en un instant elle fut sur la meule.

V

HEUREUX TON PÈRE, HEUREUSE TA MÈRE!

« Tu as des ailes, lui dit l'envoyé.

— Père m'appelait son petit écureuil, » répondit l'enfant avec fierté.

Elle regarda aussi, mais regarda d'un seul côté, du côté de la maison de ses parents.

« Vois-tu là-bas, dit-elle, vois-tu? Regarde pour moi, mes yeux ne voient pas bien en ce moment, — il me semble pourtant que tout y est tranquille.

— Oui, oui, dit l'envoyé, tout semble dire : repos.

— Ils dorment, tous ceux que j'aime, après avoir prié pour nous bien sûr; prions pour eux. »

Et les regards humides de l'enfant s'élevèrent jusqu'à Dieu !

« Heureux ton père, heureuse ta mère, dit l'envoyé, d'avoir une telle enfant ! »

Plus calmes, plus forts, ils redescendirent de la meule. Ils firent encore quelques pas et arrivèrent, en descendant, à une haie vive qui entourait un petit vallon.

« C'est ici ! dit Maroussia. Descendons encore; aide-moi à soulever la barre de la porte. Voici les bœufs; les vois-tu?

— Je les vois, ils sont magnifiques ! »

Les deux bœufs, couchés sur l'herbe, restaient immobiles comme deux grosses montagnes. Maroussia caressa de sa petite main les deux têtes cornues. Un sourd mugissement bienveillant répondit aux caresses de la petite fille

« Chut, chut! dit Maroussia. Il faut me suivre tout doucement! Alerte! »

On eût dit que les bœufs comprenaient très-bien le langage de leur petite maîtresse, car ils se levèrent sans bruit et la suivirent discrètement.

« Ils sont bien plus grands que moi, dit en riant Maroussia, et pourtant nous sommes du même âge. »

La voiture chargée de foin n'était pas bien loin.

« Maintenant, attelons! » dit Maroussia, quand ils s'en approchèrent.

La voiture fut bientôt attelée.

« Dépêche-toi! dit Maroussia. Qu'as-tu à me regarder ainsi?

— C'est que tu es si petite, Maroussia! dit l'envoyé, si petite! On te prendrait plus aisément pour une petite alouette faite pour voleter et chanter dans ces steppes que pour une personne conduisant de grosses affaires! »

Il avait raison, l'envoyé. La petite fille semblait encore plus mignonne au milieu de cette vaste étendue de verdure, près de ces bœufs énormes et de cette grande voiture, à côté de ce géant de la Setch.

« Ah! je voudrais être grande! soupira Maroussia. Tiens! voici le mouchoir de maman, je vais le mettre sur ma tête à la mode des vieilles et je paraîtrai très-âgée. Regarde! n'est-ce pas? »

Ses grands yeux le regardaient de dessous le mouchoir brun qui couvrait entièrement sa tête blonde et ses épaules rosées.

L'envoyé la regarda tendrement et sourit. Pendant un instant il ne voulut ou ne put rien dire.

Quand il répondit enfin, sa voix était bien basse, si basse qu'on eût dit que ce n'était pas la sienne :

« Tu connais bien le chemin, Maroussia? demanda-t-il.

— Je connais très-bien ce chemin. Il faut aller toujours droit jusqu'au petit lac, et puis, étant arrivé près de ce petit lac, on tourne à droite, et dès qu'on a tourné, on aperçoit du haut d'une montée le toit de la maison de Knich. Une fois là, on ne trouve pas de difficultés pour arriver à Tchiguirine. J'ai bien entendu quand Knich disait à mon père : « A moins d'être un niais, on va facilement par ce chemin. »

— Connais-tu ce Knich?

— Je le connais, il vient souvent chez nous.

— Il te recevra bien?

— Je n'en sais rien... je crois que oui.

— Et s'il te recevait mal?

— Mais il ne pourra jamais nous trahir, pas vrai? C'est un ami... Oh non! un ami de mon père ne peut pas être un traître.

— Sais-tu, Maroussia, continua l'envoyé en regardant fixement la petite fille, sais-tu que le pays est plein d'étrangers, de soldats, de gens sans pitié? Sais-tu que nous ne rencontrerons que des ennemis, des coups de sabre ou des coups de fusil ? Sais-tu que partout coule le sang ? sais-tu cela ?...

— Oui, répondit Maroussia ; oui, je sais tout cela !...

— Les yeux méchants vont t'espionner ; on te fera des questions dont tous les mots seront des pièges, et si tu réponds maladroitement, si tu laisses échapper un petit geste, un petit mouvement, si tu parles, si tu rougis, si tu trembles un peu, tout sera perdu... Le sais-tu ?

— Oh ! je ne répondrai pas maladroitement, je répondrai bien : je n'ai pas peur !

— Il se peut, petite, que nous allions à la mort !

— Non, dit Maroussia, nous ne mourrons qu'après. Il faut d'abord que tu arrives à Tchiguirine. Une fois que tu seras à Tchiguirine, je mourrai, s'il le faut !... Alors je n'aurai plus peur de mourir... mais il faut qu'auparavant tu sois à Tchiguirine ! Oh oui !... »

L'envoyé ne dit rien, mais il prit la fillette dans ses bras et la serra doucement sur son cœur, en l'appelant tout bas « sa chérie. »

« Maroussia, dit-il après quelques instants de silence, nous ferons bien sûr de mauvaises rencontres ; les soldats pourront t'arrêter, t'interroger. Si l'on s'approchait de la voiture, même avec l'intention de la fouiller, tu serais calme, tu n'aurais pas l'air d'une petite perdrix qui voit quelqu'un s'approcher de son nid caché tout près. Tu me comprends, dis?

— Oui, je te comprends. Il faut être.... il faut être.... comme toi. Je serai ainsi.

— Si quelqu'un te demandait où tu vas, tu répondrais que tu mènes cette voiture chargée de foin à la campagne de Knich, lequel l'avait acheté chez ton père. Entends-tu?

— Oui, j'entends.

— Si nous arrivons sains et saufs jusqu'à la demeure de Knich, Knich viendra sur le seuil de sa porte à notre rencontre, bien sûr Entends-tu?

— Oui!

— Alors tu lui diras : « Quel beau blé vous avez dans vos champs! Je l'ai admiré en passant. Il est encore un peu vert; mais je crois qu'au besoin on pourrait l'utiliser même avant qu'il soit tout à fait mûr. » C'est bien long, petite fille? Mais tu peux tout de même retenir ces paroles, pas vrai?

— Oui, répondit Maroussia. Écoute, je vais les répéter! »

Elle les répéta et n'oublia rien, pas une parole.

« Tu es un petit trésor! dit l'envoyé. Maintenant, dépêchons-nous! »

Il monta sur la voiture, fit un grand trou dans le foin et s'y cacha.

Maroussia se mit à la place qu'aurait prise un voiturier, encouragea les bœufs de sa petite voix, d'abord un peu tremblante, et la lourde voiture s'ébranla en se balançant lentement.

La nuit était très-avancée. On était sur le point d'apercevoir quelques lueurs dorées. La brise fraîchit encore, et les gouttes de rosée brillèrent sur l'herbe sombre d'un éclat plus vif.

VI

UNE RENCONTRE

Les bœufs ne savent jamais combien on est pressé. La voiture s'avançait trop lentement au gré de Maroussia; leurs pas comptés s'allongeaient bien un peu au milieu des steppes à la voix de leur petite amie, mais ils ne se précipitaient pas. Leur marche était éclairée par le tranquille scintillement des dernières étoiles, l'aube déjà s'annonçait. On sentait le délicieux parfum des fleurs.

Tout était calme; de temps en temps un coup de fusil, un cri, destiné à maintenir les sentinelles en alerte, faisaient ressortir davantage encore ce grand silence. Cela, c'était chose prévue.

Mais chaque petit bruit inattendu faisait tressaillir Maroussia. Combien de fois la légère rafale de la brise fit-elle affluer tout le sang vers son cœur! Ah! ce n'était pas pour elle qu'elle tremblait si facilement. Pour ce qui ne regardait qu'elle, sa petite personne était bien résolue. Sa vigilance était pour l'autre. Tout à coup elle dit :

« Cache-toi bien! on vient! »

Cette fois on venait pour tout de bon. Bientôt un détachement de cavaliers russes entoura la voiture.

« Où vas-tu? D'où viens-tu? Qui es-tu? crièrent plusieurs voix enrouées.

— Je suis la fille de Danilo Tchabane, répondit Maroussia.

— Arrête donc les bœufs! » lui cria un officier.

Maroussia arrêta les bœufs.

« D'où viens-tu?

— Je viens de chez nous.

— Où ça, chez vous?

— Pas loin de ce côté.

— Et où vas-tu?

— Je vais chez maître Knich.

VI

OU VAS-TU? D'OÙ VIENS-TU? QUI ES-TU?

— Qui est-ce, Knich?

— C'est un ami de mon père. Il a acheté ce foin chez nous et je conduis la voiture jusque chez lui.

— Que vous ai-je dit, cher ami? dit un autre officier. C'est une voiture de paysan, et rien de plus. Mais vous, vous voyez partout des traîtres et des prisonniers échappés.

— Croyez-vous qu'il n'y en ait nulle part? Le temps de galop que vous venez de faire est-il une si grosse affaire?

— Ce n'est pas la première course que vous nous avez fait faire aujourd'hui! Et toujours à la poursuite de fantômes! répondit l'officier. Que ferons-nous de notre capture? Petite fille! veux-tu être du régiment? Eh mais! tu es trop petite, tu aurais mieux fait de ne pas sortir de ton berceau ce matin.

— Ce beau foin, répondit le premier officier, n'est pas à dédaigner. » Et s'adressant à Maroussia :

« La campagne de ce Knich est-elle loin?

— Encore assez...

— Qu'entends-tu par là? Y arriverait-on du pas de tes bœufs avant une heure, avant deux?

— Deux peut-être, ou peut-être trois.

— Eh bien, alors, mon avis est que nous escortions cette voiture jusqu'à la maison de cet homme; et s'il tient à ce foin, il le rachètera. Petite fille, la maison de l'ami de ton père est-elle commode? Est-il un propriétaire riche?

— Il a un grand jardin et beaucoup de pommes.

— Niaise! C'est bien de pommes qu'il s'agit! Allons! assurons-nous par nous-mêmes de ce que peut valoir ce Knich. Notre visite ne peut manquer d'être pour lui une surprise agréable. »

L'officier piqua son cheval et s'élança en avant. Son camarade le suivit en grommelant :

« Vous êtes un vrai fou! Voilà toute une journée passée à courir sans rime ni raison; quel métier vous nous faites faire!

— En avant, petite fille! dirent les soldats à Maroussia. En avant! »

La voiture marcha entourée du détachement de soldats.

Maroussia ne voyait de tous côtés que des figures sinistres.

Tout en se demandant avec angoisse ce qu'il serait sage de faire pour se tirer de ce grand danger, elle observait timidement les visages hérissés de grandes moustaches, brunis par le soleil, durs, sombres, implacables, qui l'entouraient.

Tout ce monde avait l'air, en suivant ainsi sa voiture pas à pas, de se reposer après bien des fatigues et des exploits sanguinaires. « Combien ces gens-là ont-ils tué et massacré des nôtres déjà? se disait l'enfant. N'est-ce pas terrible à penser! s'en souviennent-ils seulement, du mal qu'ils ont fait? Les figures de quelques-uns sont tristes.... Leur cœur à tous n'est pas de pierre, peut-être? Et s'ils le découvraient? Oh non! ils n'auraient pas de pitié! »

Les bœufs de Maroussia, tout en conservant leur majestueuse gravité habituelle, animés peut-être par le piétinement de cette cavalerie et caressés par la fraîche brise matinale, marchaient pourtant d'un pas un peu plus leste. Les chevaux du régiment allaient militairement, mais de temps en temps ceux qui étaient plus près de la voiture allongeaient le cou et arrachaient avec un indicible plaisir un peu de foin aux bottes qui se trouvaient à portée de leurs dents. Cela faisait frissonner Maroussia. Si une botte se détachait, si....

Tout à coup Maroussia, en jetant un regard du côté des soldats, aperçut une paire d'yeux qui étaient comme fixés sur elle. Ces yeux étaient perçants comme deux lames de poignard, et flamboyaient comme des charbons ardents. Ils la regardaient avec grande attention, oui, et avec méfiance peut-être.

Elle eut chaud et froid et pensa que tout était perdu. Mais elle se dit :

« Je dois être — *comme lui!* »

Et elle reprit courage.

Les deux officiers caracolaient en avant. L'un riait, l'autre grognait. Les soldats, eux, devenaient silencieux et comme assoupis par le ralentissement de leur allure.

Mais pourquoi les yeux de ce soldat se fixaient-ils toujours sur elle?

« Je vais le regarder aussi, » se dit Maroussia.

Et, réprimant son émotion, elle attacha à son tour ses regards sur lui.

Les yeux en question appartenaient à un sous-officier âgé, robuste, à la figure très-rude et en même temps très-intelligente.

Tout à coup il poussa son cheval en avant et se plaça tout près de Maroussia, comme pour la considérer de plus près. Il ne lui parla pas tout d'abord, mais ses yeux perçants semblaient dire :

« C'est pourtant étrange, une si petite fille menant une si grosse voiture! Qui a pu choisir pour voiturier ce frêle jouet? Qui a pu la laisser partir ainsi, toute seule, la nuit, quand la guerre est partout, quand les chemins sont si peu sûrs? Pour un soldat, ça ne ferait pas une bouchée, cette petite fraise-là!

« Ton père et ta mère vivent-ils encore, petite fille? » lui demanda-t-il enfin.

Croyant que Maroussia ne comprenait pas le russe, il traduisit sa question comme il put en ukrainien.

« As-tu encore ton père? As-tu encore ta mère?

— Oui, grâce à Dieu! répondit Maroussia.

— Tous les deux?

— Tous les deux. »

Il resta pensif un instant; puis sa figure s'anima,

comme s'il eût tout d'un coup compris quelque chose à une énigme.

Le cœur de Maroussia se serra terriblement. Elle eut le vertige. Mais il fallait être — *comme lui*.

Elle s'efforça de paraître calme, et demanda à son tour, d'une voix un peu tremblante, il est vrai, mais le sourire aux lèvres :

« Et vous, avez-vous votre père et votre mère? Avez-vous beaucoup de parents? Vous avez des enfants peut-être? Avez-vous des filles ou des fils? »

Était-ce cette petite voix enfantine, tremblante et timide, ou tout simplement cette question qui réveilla le souvenir des joies et des tristesses du passé profondément refoulées et, pour ainsi dire, enterrées dans le cœur de ce militaire? Quoi qu'il en soit, la figure rude et implacable qui avait fait tant peur à Maroussia se transforma soudainement, et on put y voir tout à coup comme un reflet de tous les sentiments tendres que peut contenir le cœur d'un mortel.

A coup sûr c'était un homme fort, mais ce souvenir du passé le secouait.

Ces yeux, tout à l'heure méfiants et scrutateurs, s'étaient instantanément adoucis. Ils regardaient maintenant Maroussia avec une émotion étrange. Retrouvait-il dans les traits de la petite fille une ressemblance quelconque avec un petit être qui n'était pas là, qui était bien loin peut-être, mais dont la pensée seule suffisait à l'attendrir?

« Oui, j'ai une fillette, répondit-il enfin.

— Est-elle grande, votre fillette? » demanda Maroussia.

Il sourit, et on sentait que dans ce sourire attristé passait et repassait l'image chérie d'une toute petite et frêle créature.

« Elle est aussi grande que toi, oui, en vérité, presque aussi grande, » répondit-il.

Alors il baissa la tête, et Maroussia n'osa plus lui faire de questions. Elle le laissait avec sa fille.

On marchait toujours. L'air était tiède, frais et parfumé. Une bande rose apparut à l'horizon. Un petit oiseau, très-matinal, laissa entendre un petit cri, son bonjour à l'aurore.

En même temps, à l'arrière de la voiture, une voix sonore s'éleva :

« Rappelle-toi! rappelle-toi, ma bien-aimée, notre affection d'autrefois! »

C'était un jeune soldat qui chantait. Sa voix et sa chanson étaient également harmonieuses et douces; Maroussia en était toute pénétrée. Mais quel fut son étonnement quand le soldat qui venait de causer avec elle se mit à chanter, lui aussi. Sa voix était grave, à celui-là, un peu sourde, un peu basse, mais elle remuait quelque chose de profond dans le cœur. Un grand silence s'était fait pendant le premier couplet, mais au second tous les soldats se mirent à chanter avec lui. C'était saisissant! Ce qui étonna le plus, ce qui ravit Maroussia, en dépit des angoisses de sa petite âme,—peut-être par sa mélancolie même le chant répondait-il à ces angoisses, — c'est que, bien que les voix qui s'étaient unies à celle de son voisin eussent acquis une intensité qui lui rappelait les grondements du tonnerre, la voix du soldat qui avait une petite fille n'était jamais couverte par celles des autres chanteurs. Entre toutes, elle entendait et distinguait cette voix à l'accent sincère. Quand la chanson fut finie, Maroussia remarqua que le chanteur avait l'air bien triste.

Non loin du chemin elle apercevait un petit lac aux eaux paisibles, aux rivages verdoyants, encore couverts en partie par la vapeur matinale; on eût dit un léger voile de gaze se dissipant peu à peu. A droite serpentait un étroit sentier encore dans l'ombre, celui qui conduisait par le plus court les piétons à la maison de Knich. Enfin, une blanche colonne de fumée indiquait l'emplacement même de la maison de l'ami de son père.

Devant la lumière qui allait chasser les dernières ténèbres, Maroussia s'inquiéta. Les gais rayons du matin, si bien venus toujours, étaient pour elle, ce jour-là, des ennemis qui pouvaient la trahir! Dans sa crainte, elle avait oublié son chanteur favori. Ses yeux le cherchèrent sans le trouver, et elle en fut chagrinée.

Involontairement elle en était venue à compter sur

lui comme sur un protecteur. C'était un autre soldat qui l'avait remplacé à sa droite.

« Qu'elle est petite, cette créature-là! dit ce soldat à un de ses camarades, après avoir jeté un regard sur Maroussia.

— Pas plus grande qu'un nœud sur un fil de soie, répondit un autre soldat.

— Et elle n'a peur de rien, elle voyage comme un colonel de hussards.

— Je parierais qu'elle ne craint ni poudre, ni balle! continua le premier.

— Et elle a raison, ajouta le troisième. Quelle balle pourrait être dangereuse pour un grain de pavot? Est-elle autre chose?

— Je connais les Ukrainiens, dit le premier; on ne peut pas dire que ce soit un peuple de lièvres. Même les petites filles sont vaillantes dans ce pays. J'ai vu de mes propres yeux, plus d'une fois, de quoi elles sont capables : le canon tonne, la fusillade pétille, le sang coule par ruisseaux, la terre tremble, on gémit, on crie, on hurle, on s'égorge, on meurt! et elles viennent sur le champ même de bataille, elles y marchent, elles y ramassent leurs blessés comme si elles se promenaient dans un jardin en y cueillant des coquelicots!

— Aussi en meurt-il par mille et deux mille! dit un autre.

— Bah! nous mourrons tous d'une manière ou

d'une autre, répondit quelqu'un qu'on entendait sans le voir, parce qu'il était complétement caché par deux soldats géants. Oui, d'une manière ou d'une autre; l'essentiel est de mourir de la bonne. Mais qui la connaît, celle-là? »

Quelques coups de fusil se firent entendre...

Ce bruit de combat chassa en un clin d'œil toute autre pensée, tout autre sentiment. Réflexions à peine ébauchées, raisonnement commencé, opinion à demi exprimée, réplique prête à éclater, tout s'interrompit comme un fil coupé par des ciseaux bien aiguisés; le détachement tout entier, l'oreille dressée, interrogeait l'horizon comme un seul homme.

Les officiers arrêtèrent leurs chevaux. Chacun donna son avis; la fusillade recommença avant qu'on fût d'accord.

« C'est de notre côté! s'écria le jeune officier. Il n'y a pas de doute, c'est de notre côté que l'engagement a commencé. En avant! ce sont les nôtres qui se battent.

— Holà ! Ivan ! Tu conduiras la voiture jusqu'à la maison de ce Knich et tu arrangeras la chose pour le foin. En avant ! »

Maroussia n'avait pas eu le temps de se remettre ni de rassembler ses idées, que le détachement avait disparu dans un nuage de poussière. Ils s'étaient envolés comme des oiseaux sauvages. Cependant le vieux soldat qui avait causé avec elle et lui avait parlé de sa petite fille s'était retourné et lui avait jeté, elle l'avait vu, un regard d'adieu.

Ah ! pourquoi, au lieu de rester, celui-là était-il de ceux qui partaient ?

Maroussia demeura seule avec cet Ivan, qui avait reçu l'ordre de conduire sa voiture jusqu'à la maison de Knich et d'*arranger la chose*.

« Eh bien, en route, petite goutte de miel ! » lui dit Ivan en allumant sa pipe.

Maroussia regarda Ivan et pensa qu'il avait l'air d'un hérisson.

« En route ! en route ! » répéta-t-il d'une voix plus sévère.

Maroussia parla à ses bœufs. Devant le départ subit de leur escorte, ils avaient jugé à propos de s'arrêter; devant un tel emportement de sages bœufs n'avaient rien à faire. A la voix de Maroussia ils se hâtèrent d'obéir.

La voiture avait repris sa marche mesurée ; Maroussia, sous prétexte qu'elle était fatiguée, s'était perchée sur le haut de son énorme voiture, et, tout en grimpant, elle avait trouvé le moyen de donner furtivement sa petite main à serrer à son grand ami, dont le calme et confiant regard lui était apparu tout au fond du trou qu'il s'était ménagé entre les bottes de foin. Cela leur avait fait du bien à tous les deux. Ivan, bien entendu, était à cent lieues de se douter de rien; il l'avait laissée faire, il marchait à côté des bœufs en fumant sa pipe et en regardant devant lui.

On voyait que la guerre avait passé par là. Pour trouver un champ vert en pleine espérance de moisson, il fallait en traverser dix absolument ravagés.

Maroussia, voyant cela, pensait: « la guerre est horrible ! »

Les fusillades se répétaient à intervalles de plus en plus rapprochés, et les coups devenaient de plus en plus distincts.

La voiture était engagée sur un de ces monticules qui ne sont pas rares dans le pays et sous lesquels sont enterrés les morts des anciennes batailles.

Quand ce tertre fut gravi, Maroussia aperçut dans la plaine des tentes nombreuses, à demi voilées par les nuages de fumée noire qu'illuminaient parfois des langues de flammes rouges. C'était le terrain même sur lequel se livrait le combat que les fusillades lointaines leur avaient annoncé.

De temps en temps on entendait soit des vociférations, soit des gémissements humains, des hennissements de chevaux ; des cris d'enfants arrivaient aussi à travers l'air frais du matin.

Maroussia eut sous les yeux l'affreux spectacle d'un village incendié, des maisons riches en feu et des cabanes croulantes.

Des femmes, tenant leurs nouveau-nés dans leurs bras, couraient éperdues ; quelques-unes tombaient foudroyées par quelques coups invisibles.

Des chevaux galopaient sans cavaliers. Les cadavres s'amoncelaient par endroits. Les corps des blessés attendant le dernier coup jonchaient le sol. Les colonnes, tout à l'heure profondes, s'éclaircissaient ; le nombre des vivants diminuait presque à vue d'œil. La terre était, sur de grands espaces, rouge de sang. Le ciel était obscurci.

Hélas ! il ne nous appartient pas d'expliquer de telles fureurs !

Au delà, pas bien loin de ces scènes abominables, et tout droit devant elle, pareille à une oasis se montrant à travers les orages, fleurissait et embaumait la métairie de Knich. Du haut de son observatoire, Maroussia reconnaissait déjà le feuillage de chaque arbre au milieu du jardin touffu ; la couleur de chaque fleur se détachait sur les fonds verts.

La porte cochère était ouverte, et ses jeunes yeux distinguèrent une bande nombreuse de poulets d'un jaune doré qui, sans souci du combat, prenaient leurs ébats dans la grande cour ; à plus forte raison apercevait-elle dans cette cour les chariots, les charrues au soc brillant, les instruments de travail, les fourches, les bêches, les râteaux, les pelles attendant les ouvriers, les laboureurs qui d'ordinaire les utilisaient.

Près de la porte se tenait un énorme chien, noir comme du jais, ébouriffé comme un toit de chaume après grande pluie et tempête.

La voiture de Maroussia avait contourné le champ de bataille; de loin le chien de Knich l'avait aperçue. Il était facile de voir à son attitude expectante qu'il se préparait, quelle qu'elle fût, à la recevoir avec tout le sang-froid et toute la vigilance d'une créature qui, dans sa vie, a vu, connu et approfondi bien des choses, qui a pour maxime de se tenir sur le qui-vive et de ne point se laisser aller trop vite au seul témoignage de ses pressentiments.

VII

CHEZ LE VIEUX KNICH

A peine la voiture s'était-elle arrêtée devant la porte, qu'un garçon de six ou sept ans, fort et solide comme un roc, rose comme l'aurore, ayant toutes les allures d'un aiglon, se montra à Maroussia. Le regard déterminé de ses yeux clairs disait :

« C'est vous qui venez, c'est à vous de parler. Qu'est-ce que vous nous voulez ?

— Pane[1] Knich est-il chez lui? demanda Maroussia?

— Alors vous êtes venue pour le grand-père? dit le garçon, questionnant au lieu de répondre.

— Oui, pour le grand-père. Est-il chez lui?

— Il est chez lui.

— Où donc?

— Il est au jardin; mais il se peut qu'il soit au logis ou aux champs.

— Veux-tu lui dire que nous sommes arrivés?

— Et dépêche-toi, » ajouta Ivan en rallumant sa pipe.

Mais le grand-père arrivait déjà.

A le voir, c'était un vieux bon être, un peu courbé par l'âge. Il portait un simple habillement campagnard, — une chemise et un pantalon en toile : une chemise très-ample et un pantalon plus large qu'un golfe de la mer Noire ! Sa tête était couverte d'un chapeau de paille aux larges bords, qu'il avait probablement tressé lui-même.

Il reconnut tout de suite Maroussia et ne parut point étonné de la voir arriver. Tout au contraire ; on aurait dit qu'il l'attendait et qu'une visite pareille était pour lui la chose la plus simple et la plus habituelle.

« Ah! petite fille, dit-il, comment vas-tu? Toujours bien? toujours contente? Allons, viens; entre dans

---

1. *Pane*, le nom polonais, et petit russien pour seigneur, monsieur.

la chaumière. Mais, si tu aimes mieux le plein air, Tarass connaît des endroits où on trouve des fraises et où mûrissent les framboises. Nous avons encore une ressource, une jolie provision d'autres friandises : des gâteaux au miel, des petits pâtés et même des grands. »

Ivan avait saisi au passage ce mot « pâtés ».

« Je vois que tu as une maison bien montée, dit-il d'une voix encore sévère, mais que la vision « des grands pâtés » avait déjà adoucie.

— J'en rends grâce au Seigneur, répondit le vieux laboureur. Entrez, entrez, je vous prie. »

Il avait l'air si simple, si affable, si naïf, ce vieux bonhomme Knich !

« Entrez, entrez, répétait-il, entrez donc... Quel plaisir ! Quelle surprise agréable ! Quelle bonne aubaine ! J'aime tous les militaires... Entrez, entrez, monsieur le soldat, je vous en prie... »

Le militaire qu'il aimait tant était brisé de fatigue et affamé comme un loup : aussi suivit-il le vieux laboureur sans se faire prier, et, une fois dans la chambre, il s'étala sur un banc, bâillant, étendant les bras, allongeant les jambes, en un mot, profitant du bienheureux incident qui lui permettait de dorloter un peu son pauvre corps tout meurtri par les fatigues de la guerre.

On voyait très-bien qu'il avait pris le vieux Knich pour un brave homme, bien simple et très-ignorant, et qu'il ne se souciait, à vrai dire, « que de ses pâtés ; » quant à l'affaire du foin, elle viendrait à son heure.

Maroussia s'était d'abord occupée de faire entrer la grosse voiture dans la cour. Le petit Tarass, très-empressé, bondissant autour d'elle, l'y avait aidée. Quand ce fut fait, elle alla retrouver les deux hommes.

« Pane Knich, dit alors Maroussia, *quel beau blé vous avez dans vos champs ! Je l'ai admiré en passant. Il est encore un peu vert, mais je crois qu'au besoin on pourrait l'utiliser même avant qu'il soit tout à fait mûr !*

— Dieu soit loué ! ma petite, Dieu soit loué ! Oui, nous aurons une bonne année ! » répondit le vieux Knich.

Sa voix calme ne trahissait aucune, mais aucune émotion ! Il trottait dans la salle, appelant ses serviteurs, donnant ses ordres d'une voix gaie. Ses yeux ne demandaient rien aux yeux de l'enfant. C'était un brave homme, fier de ses pâtés et de ses jambons, souriant d'avance à l'idée de l'accueil que va faire un étranger au repas qu'il va lui offrir.

« A-t-il compris ? se demandait Maroussia. Non, il n'a point compris ! Pourtant... — et son cœur se serrait, — s'il n'avait pas compris ! »

Elle ne savait que penser, elle ne savait que faire !

« Il faut être *comme lui*, se dit-elle enfin, il

faut être courageux, savoir se taire et savoir attendre. »

Elle comprenait que l'envoyé avait fait preuve de toutes ces qualités, en ne sautant pas de la voiture sur la route après qu'il avait vu l'escorte réduite à un seul soldat, cet Ivan dont il n'eût fait qu'une bouchée, et en y demeurant encore même après l'entrée dans la cour, et, ayant pris cette résolution d'être *comme lui*, elle n'adressa point de questions au vieux, et, sans mot dire, trottina dans la maison derrière lui.

Cette chaumière était grande. L'ameublement se composait de bancs en solide bois de chêne. Sur les murs blanchis à la chaux aussi blancs que la neige, des guirlandes d'herbes desséchées répandaient dans l'air les aromes de la flore sauvage des steppes.

Dans un coin, les images de Dieu et de ses saints étaient ornées de fleurs fraîches. Au milieu une grande table massive, aussi en bois de chêne, était couverte d'une belle nappe blanche à franges de couleur.

Le vieux Knich invita ses hôtes à s'asseoir.

« Il ne faut pas que j'oublie les rafraîchissements, dit-il. Ce sera bientôt fait, ce sera bientôt fait... »

Et le voilà qui va d'un côté et d'un autre, apporte les grands verres et descend dans la cave, monte au grenier, ouvre le garde-manger, remue pots et couvercles, laisse tomber les cuillers, verse d'une bouteille à l'autre, grimpe sous le toit pour prendre des andouilles fumées, court au jardin, etc., etc...

Tous ces apprêts, qui promettaient beaucoup à l'affamé soldat, le tenaient dans une attente continuelle; il croyait à chaque instant voir apparaître quelque plat superbe: il humait déjà l'air, l'eau lui venait à la bouche; il avait tous les tressaillements, tous les frissons de la convoitise; il se promettait un tel régal qu'il oubliait tout au monde, ou, pour mieux dire, il ne voyait le monde que confusément, à travers un amoncellement de pâtés, d'andouilles, de fromages, de viandes et autres friandises.

« Écoute donc, écoute, barine[1], ne te donne pas tant de peine, disait-il de temps en temps. Je serai content de peu... je veux dire, je serai content de ce que je vois là-bas... Oui, je serai content.

— Non, non, répondait le vieux Knich, non! permettez que je vous présente quelque chose de convenable! Permettez-moi, monsieur... puis-je demander votre nom?

— Je me nomme Ivan, » répondit le soldat avec un soupir, mais tout à fait désarmé par la franche hospitalité du vieux campagnard.

« Eh bien, monsieur Ivan, » il faut me permettre de vous présenter ce qu'il y a de meilleur dans ma

---

1. *Barine*, mot ruthène équivalant à maître et patron.

pauvre maisonnette! Il le faut, il le faut : vous ne voulez point affliger un vieillard, n'est-ce pas? Vous goûterez un peu de mes andouilles... et de mes jambons aussi... et puis de mes fromages... Vous verrez.

— Mais, nous autres militaires, nous ne sommes pas habitués à des délicatesses. Si la faim peut être apaisée, nous sommes contents, disait Ivan

— Bien sûr, bien sûr, monsieur Ivan, bien sûr. Oh! la vie militaire est dure! J'en ai entendu parler. Eh bien, raison de plus pour essayer de vous régaler un peu... Oui, oui, croyez-moi! »

Maroussia, assise dans un coin, tâchait d'*être comme celui* à qui elle ne cessait de penser aurait été. A la voir, elle était calme et tranquille.

Mais quel flux et reflux d'espoir et d'anxiété! On ne saurait le décrire. Le grand ami était-il encore enterré dans son foin? Avait-il pu au contraire s'en tirer? Mais alors avait-il pu se cacher en lieu sûr? et puis, s'il avait dû quitter la maison, où le retrouverait-elle? Quels risques pourrait-il courir? Que dirait son père, si elle se trouvait séparée de lui avant de l'avoir conduit au but?...

Le petit Tarass, après avoir passé en revue les nouveaux arrivés, s'approcha de la fenêtre et compta les décharges qu'on entendait très-distinctement, bien qu'elles fussent très-éloignées.

A la fin des fins, le déjeuner fut apprêté. M. Ivan

se mit à le dévorer avec une sorte de colère. Il l'avait aussi par trop attendu.

A la première bouchée, il avait la mine sévère et farouche d'un guerrier qui n'a aucun souci de caresser son palais; mais bientôt sa figure commença à s'adoucir. Peu à peu elle s'épanouit et finit par devenir tout à fait resplendissante. Après quelques petits verres de liqueurs de framboises, de fraises, de cerises, de cassis et de kummel, ses yeux prirent une expression caressante, et un sourire béat erra sur ses lèvres.

Le vieux Knich ne se lassait point de lui présenter de nouveaux plats et de nouveaux breuvages. De temps en temps il poussait un petit cri.

« Ah! quelle idée! Je me rappelle que j'ai là dans mon garde-manger quelque chose qui vous fera plaisir... Attendez, attendez! Avec votre permission, je vais vous l'apporter, monsieur Ivan! Vous m'en direz votre avis! »

M. Ivan ne résistait pas. Il ne pouvait que secouer un peu la tête comme s'il voulait dire :

« Ça me va! Mais tout me va dans ce moment!

— Eh bien, Tarass, que fais-tu là? demanda le vieux Knich, après avoir placé un nouveau flacon devant son hôte. Est-ce le moment de bayer aux corneilles? A ta place je serais allé voir s'il est temps de donner du foin aux bœufs.

« Croyez-vous, monsieur Ivan, ajouta le vieux, que

VII

ÇA ME VA! TOUT ME VA DANS CE MOMENT!

j'ai dans Tarass un ouvrier admirable? C'est un petit gars qui n'est pas bête du tout, ni paresseux. »

M. Ivan voulait répondre, mais il ne put improviser qu'un sourire qui ne disait pas grand'chose. Quant au petit Tarass, il ne se fit pas prier. D'un bond il fut près de la porte.

Il était temps, Maroussia n'en pouvait plus. Elle se leva doucement et dit au vieux Knich :

« J'irai avec Tarass.

— Va, ma petite, va, » répondit le vieux.

Et quand elle passa près de lui il étendit la main et caressa légèrement ses cheveux.

C'était peu de chose que cette caresse, mais elle rendit, comme par magie, toute confiance à Maroussia ; elle se sentit comme rassurée et fortifiée ; son anxiété disparut, et son pauvre cœur, jusque-là serré comme dans un étau, fut rendu à la liberté.

« Très-cher barine! dit Ivan, faisant un effort désespéré pour rassembler ses idées, ce foin de tout à l'heure, vous savez, le foin de la voiture que j'ai été chargé d'escorter, il est à nous!... Vous me comprenez? Nous l'avons pris, alors c'est notre bien, il est devenu notre propriété! C'est clair, n'est-ce pas? Cependant, si tu tiens à le garder, tu peux m'en rembourser le prix... Donne de l'argent, beaucoup d'argent, et tu l'auras!... Et ce sera bien fait. Ce sera parfait, foi d'honnête homme!

— Vous êtes le maître, monsieur Ivan, répondit

le vieux Knich, vous êtes absolument le maître. Vous pouvez prendre tout ce que vous désirez. Vous êtes le maître!

— C'est bien! c'est très-bien! répondit Ivan. Tout à fait bien. »

VIII.

A LA MÊME PLACE

En entrant dans la cour, Maroussia vit sa voiture encore remplie de foin et à la même place! Tarass travaillait avec un zèle extrême. Il grimpait sur la roue, tirait du foin par poignée des bottes qu'il pouvait atteindre et le présentait aux bœufs, qui acceptaient cette offrande avec beaucoup de dignité.

Maroussia tournait autour de cette voiture comme un oiseau blessé.

Tarass, après avoir donné du foin aux bœufs, commença à babiller et fit plusieurs questions à la nouvelle arrivée.

Mais Maroussia, tout absorbée par un cruel souci, ne lui répondit que par monosyllabes.

Tout à coup l'idée lui vint que sa présence près de la voiture pouvait paraître étrange, et elle s'en éloigna rapidement. Elle se promena dans la vaste cour ; elle pénétra dans le jardin touffu, elle s'arrêta, regarda autour d'elle, contempla les champs qui se déroulaient au loin.

« Que faire ? se demanda-t-elle. Que devenir ? Comment le sauver ? Comment le délivrer ? Rien n'est changé dans l'aspect de cette voiture ; serait-il encore... »

Elle retourna dans la cour pour s'assurer que personne ne l'observait. « Si je le puis sans imprudence, se disait-elle, j'oserai, sinon l'appeler, attirer du moins par un moyen quelconque son attention. »

Tout à coup, en passant à côté d'un amas de grosses pierres entassées contre un mur en ruines, elle crut entendre, non, elle entendit bien distinctement, comme si elle fût sortie de dessous terre, la voix qu'elle connaissait si bien, et qui lui disait :

« Merci, ma petite Maroussia ! Sois tranquille, tout va bien ! »

Elle n'en pouvait douter, c'était la voix, la voix

VIII

SOIS TRANQUILLE, TOUT VA BIEN.

même de celui pour qui elle croyait avoir à trembler encore. Frappée par la joie comme par une flèche, elle s'affaissa sur l'herbe, incapable de faire un pas de plus.

Peu à peu elle se remit et tâcha de voir d'où pouvait bien venir cette voix qu'elle avait été si heureuse d'entendre.

L'amoncellement des pierres près duquel elle se trouvait avait l'air très-ancien. Les pierres étaient couvertes de mousses et d'herbes folles, de plantes grimpantes, et de petites fleurs jaunes qui brillaient comme des étoiles sous les rayons du soleil. Évidemment ces pierres avaient été jetées là à l'époque lointaine où, sous un bâtiment depuis presque entièrement disparu, l'on avait construit cette vieille cave, dont son œil chercheur avait remarqué le soupirail, bien qu'il fût à peine visible à travers le fouillis de plantes qui l'obstruait.

« Ai-je bien entendu ? » se demanda la petite Maroussia.

Son pauvre cœur battait à rompre sa poitrine. Mais la voix, sortant de nouveau des décombres, se fit entendre une seconde fois :

« Ma fidèle amie, disait la voix, rassure-toi. Nous avons passé le rapide et nous ne nous noierons pas au port, je l'espère ! »

Maroussia se tenait immobile ; elle écoutait encore, bien que tout fût rentré dans le silence.

Ces quelques paroles venant de *lui*, son grand ami, étaient autant de paroles magiques qui lui avaient ôté toutes ses craintes.

Son cœur se remplissait de joie, et ses joues se couvrirent d'un si brillant incarnat, ses yeux étincelèrent d'un tel éclat que Tarass, qui caracolait dans la cour comme eût pu le faire le fier coursier de l'ataman, ou qui s'escrimait, comme le grand ataman lui-même contre quelque invisible ennemi, interrompit ses exercices et vint se placer face à face avec « la petite fille. »

Frappé au dernier point du changement de tout son être, il la regardait de son œil curieux.

« Bien sûr elle est très-contente ; grand-père lui aura donné quelque chose de très-bon ! » pensa-t-il. Mais quoi? Était-ce du pain d'épice ou des noisettes grillées?

Et plus il regardait la « petite fille », plus son imagination surexcitée s'élevait à des suppositions fantastiques de friandises merveilleuses. L'émotion le gagnait de plus en plus. Indécis, attentif, caressant quelque espoir chimérique, il restait là, rappelant plus que jamais le type d'un aiglon qui agite ses ailes, tend le bec et de ses yeux perçants cherche à distinguer le butin.

Maroussia lui dit :

« Veux-tu que nous allions au jardin ?

— Je le veux bien, répondit-il avec quelque hésitation, comme un garçon qui n'est pas sûr si, à donner son consentement, il va perdre ou gagner. Mais dis-moi ce que t'a donné grand-père?

— A qui a-t-il donné?

— Mais à toi donc!

— Il ne m'a rien donné.

— Eh bien! il t'a promis quelque chose; alors c'est comme si tu le tenais. Que t'a-t-il promis?

— Il ne m'a rien promis. »

Tarass la regarda avec méfiance.

« Pourquoi es-tu donc si contente à présent? demanda-t-il.

— Moi?

— Mais oui, toi?

Elle voulait dire : « Non, je ne suis pas contente; » mais elle était incapable de mentir, même pour la bonne cause, et ne proféra que ces mots :

« Allons au jardin.

— J'y vais, répondit Tarass avec un regard maussade.

— Trouverons-nous beaucoup de fraises? demanda Maroussia.

— J'en trouve quand j'en cherche, moi, répondit Tarass avec un peu de hauteur.

— Je tâcherai d'en trouver aussi. Crois-tu que j'en trouve?

— Cela se peut. Ce n'est pas difficile, au reste. Vraie besogne de petite fille! S'il s'agissait de prendre une taupe ou d'attraper un hérisson, ce serait une autre paire de manches ! »

Et, tout en cheminant du côté du jardin, Tarass se dandinait d'un air capable, comme il convient à un fameux preneur de taupes et de hérissons.

« Les petites filles n'ont pas de courage, voilà mon avis ! ajouta-t-il. Les garçons....

— Ah ! les garçons sont très-braves ! dit Maroussia, voyant que son petit compagnon cherchait un mot qui pût exprimer dignement le mérite supérieur des garçons.

— C'est ça ! répondit Tarass, touché de l'estime que la petite fille faisait des garçons ; et, à part lui, il pensait : « Elle n'est pas aussi bête que je l'ai cru. »

— Ils savent monter à cheval, les garçons ! continua-t-il. C'est admirable comme ils savent dompter les chevaux les plus sauvages !

— Bien sûr, c'est admirable, répondit Maroussia en souriant.

— Un jour, tu verras si je sais bien monter notre jument ! L'autre fois, quand je passais au galop près de la chaumière de la vieille Hanna, je lui ai fait une fameuse peur ; la pauvre femme a cru que c'était une flèche tartare ! Tu sais, nos vieilles craignent beaucoup les Tartares.

— Pauvres vieilles ! dit Maroussia.

— Mais tu ne dois pas t'effrayer, toi ; je te défendrai, dit-il avec un élan de générosité.

— Merci! dit Maroussia.

— Oh! tu peux être tranquille! Il faut que tu saches que je me moque de tous les dangers.... Il viendra un jour, — bientôt peut-être, — où je taillerai en pièces tous les ennemis de notre Ukraine! Veux-tu entrer par cette petite porte? Viens par ici, les fraises sont de ce côté. Sais-tu quel est mon projet? Tu ne sais pas?

— Non, dis-le-moi.

— Eh bien, mon projet est de tomber sur le camp des Tartares ou des Turcs, de les assommer et de faire leur chef prisonnier.... Qu'en dis-tu?

— Ce serait glorieux, répondit sérieusement Maroussia.

— Glorieux! n'est-ce pas? Il y a bien eu une demoiselle de campagne, en France, qui en a chassé tous les ennemis.

— Oh! dit Maroussia, dont les yeux jetèrent des flammes, qu'elle a dû être heureuse!

— Elle a été brûlée, repartit Tarass.

— C'est égal, c'est égal, dit Maroussia, c'est la plus heureuse des femmes.

— Père te racontera son histoire, si tu veux. C'est une dame française qui la lui a dite à la ville. Ici on ne sait pas ces histoires-là. La demoiselle s'appelait Jeanne d'Arc.

— Jeanne d'Arc, dit Maroussia, les yeux pleins de larmes, Jeanne d'Arc! l'heureuse fille! »

Tarass était lancé. Ce qu'une petite fille de France avait fait, un garçon ukrainien ne pouvait manquer de le faire. Il confia à Maroussia la foule de projets qui bouillaient dans sa petite cervelle. Et comme tous ces « glorieux » projets finissaient à souhait, dans son imagination du moins ! comme toute chance était de son côté ! Tout en se promenant dans le jardin et en cherchant des fraises, il développait ses idées à propos du dernier combat et regrettait beaucoup que le grand ataman eût été trop lent dans ses attaques.

Maroussia l'écoutait en silence, songeant à cette fille dont le nom venait de lui être révélé et qui avait affranchi son pays.

« Cette petite Maroussia a décidément de l'esprit, se disait Tarass. Comme elle m'écoute ! Je suis très-content qu'elle n'ait aucune ressemblance avec cette sotte criarde Mimofka, qui veut toujours être la première, qui prétend m'apprendre ceci et cela et autre chose.... Cette Mimofka m'est très-désagréable ! Mais Maroussia est une bonne fille.... Et tout à l'heure je vais lui cueillir des fraises.... »

En attendant, Tarass, appuyé sur une barrière, ne pouvait, en regardant Maroussia, s'empêcher de dire :

« Mais comme son visage éblouit ! comme elle a l'air content ! Elle ne le serait pas plus, si elle voyait étalées devant elle toutes les friandises de la foire ! Je suis certain qu'elle a caché quelque part un tas de pains d'épices! Cependant elle est très-bonne enfant, elle partagera avec moi ! On n'est jamais content sans raison; elle a bien sûr quelque fameux morceau dans un coin! ou bien elle sait qu'elle va l'avoir! Elle me dira son secret tout à l'heure, et j'aurai la moitié de ce qu'elle aura et peut-être plus. »

IX

LE RÉVEIL D'IVAN.

Il était presque midi ; il n'y avait point d'ombre ; si l'on trouvait un petit endroit ombragé par un arbre touffu, les chauds rayons de l'astre du jour savaient passer à travers les feuilles, sous le vieux cerisier de la cour. Une toile d'araignée en or se mouvait à chaque coup de brise qui agitait le feuillage.

Depuis quelque temps, un brûlant rayon avait pénétré à travers la petite fenêtre près de laquelle s'était endormi, après son copieux repas, le soldat Ivan, et tombait d'aplomb sur sa joue. Sa figure était toute rouge sous l'action du soleil. Ivan sentait bien vaguement qu'il était en train de cuire; mais il était si heureux, en somme, qu'il n'avait pas du tout envie de se réveiller. « Si j'ouvre les yeux, se disait-il tout en dormant, si je change de place, c'en est fait de toute cette béatitude, je ne me rendormirai plus! » Un sourire plaintif, errant sur ses lèvres, aidait à lire dans les incertitudes de sa pensée.

Cependant, tout à coup, il fit un bond, comme si on l'avait touché avec un fer chaud. La vérité est que sa joue était en feu. Il y porta la main et l'en retira comme s'il s'était brûlé à son contact.

Il s'éloigna de la fenêtre ; ses regards appesantis se portèrent sur l'intérieur de la chambre ; machinalement il rajustait son uniforme, et son visage s'efforçait de reprendre l'aspect d'indifférence qui lui était habituel.

Où était-il? Peu à peu la mémoire lui revint. Ses yeux méchants interrogèrent jusqu'aux murs blancs de la cabane. Elle était vide, la cabane ! Il était seul ; pourquoi? Bah! le vieux Knich s'était probablement éloigné pour mieux laisser reposer son hôte.

Mais depuis quand dormait-il ? L'inquiétude le prit.

Maître Ivan se mit à crier ; sa voix ne péchait point

OU EST-IL CE VIEUX MAUDIT?

par la douceur; elle était enrouée et stridente, et avait des éclats inattendus de branche qui casse. Ses cris retentirent bientôt dans tous les coins de la cour.

« Holà ! hé! vieux sourd ! tonnerre ! arriveras-tu enfin ?

Maroussia et le petit Tarass, à ces cris, coururent vers la cabane ; mais, trouvant inutile d'affronter un si terrible réveil, ils se cachèrent derrière des touffes de lilas, et se mirent aux écoutes.

Quand Ivan se taisait, on n'entendait rien, si ce n'est le doux frémissement d'une belle journée d'été, alors que toute la nature s'épanouit, que chaque petite feuille respire, et que les brins d'herbe eux-mêmes semblent frissonner de bonheur.

Lorsque les vociférations du soldat reprenaient, ce n'était plus cela ! Mille diables n'auraient pas fait plus de bruit.

« Où est-il, ce vieux maudit ? »

Ivan sentait qu'il s'était attardé ; d'un violent coup de pied, il ouvrit la porte, et, le sabre en main, il apparut sur le seuil, tournant alternativement la tête à gauche et à droite, comme un homme indécis sur la direction qu'il doit donner à ses coups.

« Que le diable m'emporte, si je sais de quel côté je dois tourner ! » s'écria enfin le soldat furieux.

Il fit rapidement le tour de la cour, fendant l'air de la lame de son sabre, piquant ici un mur, là un arbre, comme un homme qui ne serait pas fâché de trouver quelque chose à pourfendre. Il trébucha enfin sur le tas de pierres, près de la cave, — cela fit pâlir Maroussia dans sa retraite, — mais il se releva en maugréant et finalement se retrouva à son point de départ devant la porte de la maison, toujours furibond.

Cependant on entendait déjà la voix affable du vieux Knich, entrecoupée par sa petite toux sèche ; il arrivait à petits pas précipités, comme un homme désolé d'avoir fait attendre un personnage d'importance.

« Je viens, maître Ivan, je viens, disait-il avec bonhomie et affabilité ; je suis tout à vos ordres. »

Ivan entendait très-bien la voix du vieux Knich, mais il ne parvenait pas à se rendre compte de quel point elle venait.

« Où diable es-tu ? lui criait-il.

— Je suis là, répondait la voix du vieux Knich.

— Là ? mais où ? hurlait le soldat.

— Mais devant vous, militaire : ne me voyez-vous pas ? »

Et le fait est qu'Ivan se trouvait en face du vieux Knich, radieux, aimable, très-essoufflé, mais lui souriant comme un ami.

« Êtes-vous bien reposé, maître Ivan ? demanda le vieux Knich, cherchant un oui dans les yeux irrités du soldat avec une sollicitude presque paternelle.

« Les mouches ne vous ont point trop piqué, je l'espère. J'avais tout fermé pour qu'elles vous laissassent plus tranquille.

— Que le feu du ciel les rôtisse, tes mouches ! je m'en moque pas mal de tes mouches ! répondit maître Ivan ; elles auraient mieux fait de me réveiller plus tôt, entends-tu ? »

Après avoir trop bu, trop mangé et trop dormi, M. le militaire ne se sentait pas très à son aise.

« Je suis de votre avis, maître Ivan, je suis tout à fait de votre avis, » répondit le vieux Knich.

Et comme maître Ivan, devenu très-pensif, tirait d'un air irrité ses longues moustaches, le vieux crut devoir réfléchir un peu de son côté. Il laissa écouler une minute, puis :

« Pourtant, maître Ivan, je vous avoue qu'une fois endormi on n'aime pas à être réveillé par des mouches. Je vous l'avoue franchement. Quand on pense qu'un honnête homme, qu'un soldat même, un homme intrépide par métier, ne peut pas plus qu'un autre se défendre de cette misère....

— Quelle misère ? demanda maître Ivan, comme s'il se réveillait de nouveau.

— Mais des mouches, maître Ivan. Quand on pense que ces insectes insupportables tombent indifféremment sur un général, sur un paysan ou sur une tartine de miel.... on se demande à quoi sert la différence des professions et des mérites. »

Maître Ivan l'interrompit :

« J'ai mal à la tête, dit-il ; au lieu de bavarder, tu ferais mieux de m'apporter un verre d'eau-de-vie.

— Oh ! avec plaisir, maître Ivan, avec le plus grand plaisir ! s'écria le vieux Knich. Quel bonheur de pouvoir vous servir, maître Ivan, quel bonheur !... »

En regardant son visage radieux, c'était à se demander s'il ne s'estimait pas trop heureux de pouvoir, une fois de plus, servir maître Ivan.

Il courut, fier comme un roi, au buffet. Maître Ivan le suivit.

Le soldat gardait son air farouche, mais il se mit à relever ses moustaches comme quelqu'un qui s'attend à de bonnes choses.

« Mettez-vous là, maître Ivan, mettez-vous là, disait le vieux, je vais à l'instant remplir le petit verre.... Prenez place, prenez place....

— Je n'ai pas le temps de m'asseoir, répondit maître Ivan, insensible aux prévenances du vieux, donne vite, j'avalerai debout.... Tiens-tu l'argent prêt ? Je suis pressé, je dois filer....

— Vous êtes pressé, maître Ivan ? Quel contretemps ! C'est une eau-de-vie comme on n'en trouve plus, et, si vous n'étiez pas pressé, vous pourriez la déguster comme il faut. Je vous dirai, maître Ivan....

— Tiens-tu l'argent prêt ?

— Je le tiens prêt, maître Ivan, à votre service ;

cependant, il ne laisse pas d'être dur pour nous autres pauvres gens.... »

Le vieux poussa un gros soupir et regarda avec mélancolie un sac en cuir qu'il tira de sa poche.

« A quoi peut mener ce bavardage? » lui répondit maître Ivan, tout en avalant l'énorme verre d'eau-de-vie de Knich comme il eût fait une goutte de lait sucré.

Le vieux Knich poussa un autre soupir, mais cette fois, c'était un soupir capable de renverser un chêne. Toutefois, il ne raisonna plus, et, ayant tiré une poignée de cuivre de la sacoche, il commença à la compter pièce à pièce en disposant avec symétrie la monnaie sur la table.

« Voyons, es-tu capable de compter jusqu'à trois? » demanda le soldat au paysan.

On ne pouvait certainement affirmer que cette question fût faite avec amabilité, mais le ton n'avait rien de dur; il avait plutôt l'intention d'être plaisant, car maître Ivan s'était, tout en la faisant, versé lui-même un autre verre d'eau-de-vie, et ce n'est pas la colère qui accompagnait chez lui d'ordinaire une action de ce genre. Trouvant sans doute sa plaisanterie agréable :

« Je te demande, dit-il encore d'un air goguenard, si tu sais compter jusqu'à trois? Comment comptes-tu, voyons !

— Vous allez voir, maître Ivan, répondit Knich.

Cinq, six.... C'est la meilleure manière de compter selon moi... sept, huit... Mon feu père,—qu'il repose en paix! — comptait toujours ainsi... neuf, dix... et il comptait si bien que les plus habiles ne réussissaient jamais à le tromper... onze, douze. »

Ivan avait laissé dire; seulement, d'un air distrait, il s'était versé une troisième rasade, et pendant qu'il la dégustait, il écouta silencieusement les réflexions de Knich sur les mœurs des prêteurs d'argent polonais et sur leur aptitude pour les affaires.

Peu à peu les piles de cuivre s'étaient alignées, et sa sacoche était vide.

Maître Ivan se versa une quatrième rasade, l'avala d'un trait et, cela fait, il apparut à Knich plus farouche que jamais. Son front s'était couvert de plis qui n'annonçaient rien de bon ; sa figure s'était assombrie de nuages menaçants. Il ne sonna mot aux adieux affectueux que lui adressait le vieux fermier. Il se souciait bien, vraiment, des politesses du pauvre homme! Il compta d'un air sévère la somme qui lui était destinée, la mit dans sa poche, sortit d'un pas rapide, détacha son cheval, qui mangeait tranquillement de l'avoine, donna à la pauvre bête un coup de poing en l'appelant « goulue, » sauta dessus, daigna relever un tantinet la visière de sa coiffure, en réponse aux saluts multipliés de Knich, la rabattit ensuite d'un air terrible sur ses noirs sourcils et, partant au galop, disparut dans la steppe immense;

les vagues de cette mer verdoyante se refermèrent derrière le cheval et le cavalier.

« Bon voyage ! » murmura le vieux Knich.

X

LE VRAI KNICH

Tandis que les yeux perçants du petit Tarass suivaient maître Ivan détalant à travers les hautes herbes, les regards de Maroussia se tournèrent vers le vieux fermier.

Le vieux fermier se tenait près de la porte cochère et regardait, à ce qu'il paraissait, sans aucune arrière-pensée, son hôte s'éloigner. On aurait dit que ça lui faisait tout simplement plaisir, comme au petit Tarass, d'admirer cette course rapide et d'écouter les hennissements du noble animal qui emportait le soldat. D'une main le vieux fermier caressa son chien, qui s'approchait de lui en remuant la queue en guise de félicitation sans doute, et il se couvrit les yeux de l'autre pour se garantir des rayons ardents du soleil.

Après avoir regardé ainsi pendant quelques minutes, qui parurent très-longues à Maroussia, il se dirigea vers la maisonnette. Il allait tout doucement, sans se presser, jetant d'un côté et d'un autre le regard d'un propriétaire économe et vigilant qui a souci de réparer le désordre accidentel survenu dans sa maison.

« Grand-père! s'écria Tarass qui courut après lui, dis donc, où campe l'ennemi? Je crois bien qu'il est à la Vélika-Jarouga, mais...

— Ah! vous êtes là, mes enfants! » dit le vieux fermier d'une voix affectueuse.

Il s'arrêta en branlant la tête avec bonhomie :

« Vous êtes-vous bien amusés au jardin? Êtes-vous fatigués? Avez-vous faim? Eh bien! venez, venez, on vous servira de bonnes choses, le soldat n'a pas tout mangé. Suivez-moi; dépêchez-vous! »

Et il marcha devant eux, un bon sourire sur les lèvres, toussotant parfois comme un bon vieux brave homme. Tarass et Maroussia trottinaient à sa suite.

En un clin d'œil, la bouteille et le verre qui avaient servi au soldat avaient été enlevés par Maroussia. Une fenêtre avait été ouverte, l'air pur était entré, et l'odeur désagréable et pénétrante de l'eau-de-vie fut remplacée par l'odeur appétissante d'un bon pâté chaud. Une jolie jatte de crème fraîche fut mise à part pour le dessert.

Tarass, quoique très-soucieux de savoir exactement le lieu où campait l'ennemi, ne se laissait pas abattre. Il mangea comme un petit loup! Les morceaux disparaissaient dans sa bouche comme par enchantement; on eût dit qu'il ne les avalait point, qu'il les lançait derrière lui.

Mais Maroussia mangea peu. Tandis que ses petits doigts effilés cassaient le biscuit, ses yeux ne pouvaient se détacher de la figure du vieux Cosaque.

« Grand-père! écoute-moi, grand-père! cria Tarass qui n'avait plus faim; si ce soldat galope vers les Stary-Kresty, cela veut dire que l'ennemi ne campe plus à la Vélika-Jarouga? Pas vrai, grand-père?

— Je le présume, mon enfant, je le présume, répondit l'affable, l'indulgent grand-père, en présentant encore aux enfants quelques pâtisseries. A propos! tu me rappelles une chose : il faudrait voir ce que deviennent les filets à pêcher que nous avons tendus l'autre jour à l'endroit que tu m'avais conseillé. Il se peut que nous ayons déjà attrapé quelques magnifiques brochets; qu'en penses-tu?

— J'ai tout à fait oublié ces filets ! s'écria Tarass, oui, tout à fait !

— Eh, eh, maître sans-souci ! dit Knich en souriant.

— Sais-tu quoi, grand-père ? Je ne comprends pas du tout comment j'ai pu n'y plus penser ! »

D'un bond il se trouva au milieu de la chambre et resta là devant le vieux grand-père, les yeux tout ronds, la bouche pincée, ayant l'air d'un personnage sérieux qui se trouve tout à coup dans une position équivoque peu en rapport avec ses habitudes d'ordre et de ponctualité.

« J'y vais, j'y cours ! » s'écria-t-il enfin ; et s'élançant par la porte, on n'entendit plus que sa voix qui appelait son chien à lui, Riabko, le fils de Corbeau.

Alors, tout devint silencieux. Maroussia était enfin restée seule avec le vieux fermier. Celui-ci la regardait maintenant avec attention ; il la regardait d'une façon si étrange que son cœur commença à battre comme un petit marteau.

Sous ses yeux venait de s'opérer, dans toute la personne de Knich, un changement soudain. Le vieux paysan s'était subitement transformé. Au lieu d'une figure de bonhomme simple, un peu poltron, un peu vaniteux de ses pâtés, de ses liqueurs et de ses autres biens terrestres, elle voyait maintenant briller sous ses sourcils des yeux étincelants, dont le regard entrait en elle comme la pointe d'un poignard ; toutes les rides de son front avaient disparu comme par enchantement. Ses traits s'étaient dessinés rigides et sévères. L'homme tout entier avait grandi. Ses épaules étaient plus larges, sa stature vraiment imposante.

Pendant quelques instants, Maroussia regarda Knich, comme un petit oiseau fasciné. Knich parla. Sa voix ne ressemblait pas plus à la voix qui tout à l'heure disait des choses prévenantes au soldat Ivan qu'un violon de maître ne ressemble au violon d'un pauvre aveugle mendiant son pain de la charité des passants.

Il lui dit :

« Maroussia, ton ami désire te voir. Il n'est pas loin. Veux-tu savoir ce qu'il a à te dire ? »

Les yeux de Maroussia répondirent pour elle, la joie lui avait ôté la voix ; mais Knich l'avait comprise et lui avait fait signe de le suivre.

Il sortit, arriva d'un pas ferme dans la cour. Les yeux de Maroussia cherchèrent du côté de la vieille cave le tas de pierres couvertes de mousses et de plantes sauvages d'où la voix de son ami était arrivée jusqu'à elle ; mais Knich ne se dirigea point de ce côté.

Après avoir bien regardé de tous côtés, Knich siffla. Le grand chien Corbeau, qui se tenait près de la porte cochère, en deux bonds fut près de son maître, s'assit sur ses pattes de derrière, et, attachant ses yeux intelligents sur le fermier, attendit.

« Il n'y a pas d'étranger dans les environs, Corbeau ? » dit Knich au fidèle gardien de sa maison.

Corbeau hurla doucement, d'une manière toute particulière, qui disait clairement à son maître : « Soyez tranquille ! » Et comme preuve que tout était, en effet, parfaitement tranquille au dehors et qu'on pouvait, par conséquent, prendre ses aises au dedans, Corbeau se mit à faire la chasse aux mouches. Évidemment Corbeau ne se serait pas amusé à gober des mouches, si quelque danger eût menacé la maison. Knich, rassuré, retourna avec Maroussia du côté de la ferme, mais, en entrant dans la petite galerie, il dépassa la porte à droite qui donnait dans la salle où on avait déjeuné et ouvrit une porte à gauche qui communiquait à un garde-manger.

Ce garde-manger était plein de tout ce qui sert pour la nourriture des campagnards. On ne passait qu'avec une extrême difficulté entre les gros sacs de farine, de gruau, de seigle, de pois secs et de haricots.

Les fenêtres étaient assez grandes, mais la lumière y pénétrait à peine. Les provisions de houblon, de saucissons, de prunes sèches, de cerises en bocaux, de pommes, de poires, les pyramides d'œufs, les bouteilles entassées devant les vitres, l'obstruaient presque complétement.

Maroussia s'arrêta indécise sur le seuil de cette pièce, si encombrée qu'il semblait impossible de s'y faire un passage.

X

PRENDS BIEN GARDE A TES PIEDS, C'EST GLISSANT.

« Prends à gauche, » lui dit Knich; et, enlevant alors de ses bras robustes un baril rempli d'eau-de-vie, du pied il appuya sur le plancher, qui s'ouvrit et découvrit pour Maroussia un petit escalier de bois qui semblait conduire dans un souterrain.

« Va doucement, fillette, dit Knich, prends bien garde à tes pieds, c'est peut-être un peu glissant. »

XI

ON SE REVOIT

Ils commencèrent à descendre par cet escalier étroit qui pliait et tremblait sous eux.

Maroussia ne s'était pas rendu compte de la façon dont s'était ouvert le plancher. Elle ne comprit qu'il s'était refermé qu'en se trouvant dans l'obscurité; plus ils descendaient, plus l'air devenait froid. Le soleil n'avait jamais pénétré dans cette cave profonde.

De temps en temps la petite fille sentait qu'une main solide et sûre la soutenait aux endroits difficiles.

Enfin ils atteignirent la dernière marche.

Knich la prit alors par la main, et ils se mirent à marcher, en suivant un corridor qui resta obscur pendant une centaine de pas. A un détour, une large bande de lumière pénétra alors par le haut et éclaira le souterrain, qui s'était élargi en rotonde en cet endroit. L'envoyé s'y promenait à pas lents. Ses yeux se tournèrent aussitôt vers les visiteurs. Averti par le bruit de leurs pas, il les attendait.

« Maroussia, mon gentil conseiller! dit-il en se baissant vers l'enfant, que je suis heureux de te revoir! et de pouvoir te dire : Merci! »

Maroussia, toute palpitante, s'était jetée dans les bras de son grand ami.

« Ah! lui dit-elle, que tu as dû souffrir dans le foin, au bruit du combat, à l'arrivée des soldats, et, sur la route, quand Ivan tournait autour de la voiture, et tout à l'heure encore quand il a failli tomber la tête la première tout près de cette cave! »

— Je me rappelais l'histoire de la femme du bandit, répondit l'envoyé, mais je craignais pour mon guide. »

Le vieux Knich se retourna pour essuyer une larme qui lui tombait des yeux.

Cette étreinte de l'homme fort et de la faible enfant lui avait montré que cette frêle petite fille était déjà devenue pour le rude guerrier un être à jamais cher et sacré.

« Si Tarass était un peu plus grand, se disait-il, vaudrait-il pour moi ce que cette petite Maroussia vaut pour l'envoyé ? »

« Allons un peu plus loin, dit Knich ; nous y serons plus en sûreté encore. »

Ils firent quelques centaines de pas dans le souterrain, qui tantôt devenait étroit comme un étui, tantôt s'élargissait considérablement. Ils passèrent par des alternatives de lumière et d'obscurité. Partout où la lumière pénétrait, on découvrait de petits escaliers aboutissant à des issues bien cachées et permettant aux habitants du souterrain de se tenir au courant de ce qui se passait dans la cour et dans le jardin.

« Nous ne sommes pas riches en fait de temps, dit Knich à celui qu'il appelait Tchetchevik.

— Il s'agit de ne pas être pauvres en expédients, lui répondit celui-ci.

— Alors, choisis, » dit Knich ; et il lui montrait une excavation du souterrain dont la vue faisait presque penser au magasin d'étoffes, d'armes et de vêtements, qu'avait découvert la femme du bandit dans le souterrain du château.

Tchetchevik se baissa ; du milieu d'un monceau de costumes de toutes sortes, de vêtements étranges, de capuches, d'uniformes usés ou troués, — quelques-uns par les balles, — il tira une grande barbe blanche et une défroque bizarre qui semblait avoir appartenu à quelque vieux musicien ambulant. A côté était un théorbe de forme ancienne et rare en bon état. Il ne manquait rien au déguisement : la perruque, les moustaches, les sourcils mêmes, étaient en parfait rapport avec la barbe.

« Ceci, dit-il gaiement, c'est mon affaire. Cherchons maintenant ce qui peut convenir le mieux à Maroussia.

— Maroussia t'accompagnera? » dit Knich, tout en secouant un vieux manteau.

A cette question, qui semblait mettre en doute qu'elle dût suivre partout l'envoyé jusqu'à ce que le but de son voyage fût rempli, le visage si doux d'ordinaire de Maroussia prit une expression où l'indignation le disputait à la colère.

« Que dirait mon père, que dirait ma mère et que dirait-il, lui (elle montrait Tchetchevik), si je ne faisais que la moitié de mon devoir?

— Mais sais-tu, fillette, où il va? reprit Knich; sais-tu qu'il va où l'on peut mourir, et qu'il n'est pas probable qu'on puisse en revenir sain et sauf?

— N'est-ce pas pour cela même que je serais lâche de le quitter? répondit l'enfant rouge de honte.

— Ah! la brave fille! s'écria Knich; tiens, il faut

que je t'embrasse ; fasse Dieu que mon Tarass te ressemble !

— Si Tarass avait mon âge, dit Maroussia, il ferait ce que je fais. Ne s'occupe t-il pas, à chaque instant, le petit, d'exterminer à lui seul tous les ennemis de l'Ukraine ?

— C'est vrai, c'est, ma foi ! vrai, dit Knich ; il ne pense déjà qu'à ça. »

L'envoyé cherchait, cherchait dans les costumes, — il s'agissait de déguiser Maroussia ; — rien ne lui convenait, il rejetait tout.

« Ils lui vont si bien, ses jolis habits ! quel dommage qu'on ne puisse les lui laisser ! Ceci est affreux, disait-il, et ceci plus affreux encore. »

Il examinait un à un ceux des pauvres vêtements qui auraient pu aller à la taille de la petite fille, et il les jetait au rebut.

« Il n'est pas nécessaire non plus qu'elle ait l'air d'une mendiante, » se disait-il. Il venait de repousser sur le tas un costume tout déguenillé, qui n'avait pu appartenir qu'à quelque malheureuse petite fille attendant son pain de la charité des passants. Maroussia le releva.

« Il faut que j'aie l'air d'une mendiante, dit-elle. Il faudra peut-être que je sois une mendiante. Je choisis ce costume. Ces guenilles sont mon affaire. »

Elle courut alors dans un coin sombre, et, se depouillant vivement de sa jolie parure, en un clin d'œil la riche petite fermière revint vêtue comme une pauvresse. Mais quelle mine fière elle avait encore sous ses guenilles, et que radieux était son regard et quelle joie dans son cœur !

« Ah ! fillette, lui dit Knich, tu as l'air d'une petite princesse déguisée ; il faudrait changer d'yeux aussi. Les yeux de pauvre, où les prendre ?

— La pauvreté me les donnera, dit-elle. Qui sait si nous n'allons pas mourir un peu de faim aussi ? »

Pendant ce temps, la transformation de l'envoyé s'était complétée.

« Quel beau vieillard ! disait Knich. C'est ton grand-père, Maroussia.

— C'est l'ami de l'Ukraine, dit l'enfant. Partons ! »

Elle se voyait déjà à Tchiguirine, mendiant à la porte du palais du grand ataman, et veillant pendant que son ami agirait.

Les deux hommes s'étaient retirés dans un coin. Ils se rendaient compte de l'état des choses. Knich, interrogé, répondait aux questions brèves et laconiques de Tchetchevik.

Ses informations n'étaient pas précisément rassurantes.

« L'opinion est indécise, disait-il ; en somme, la division est partout et nuit à l'effort commun. On ne s'entend pas sur les moyens, encore moins sur les hommes. Les amours-propres sont en jeu. Les femmes valent mieux que nous, en vérité. Tu les trouveras partout prêtes à bien faire. « Rendre l'Ukraine aux « Ukrainiens, se disputer après, si l'on veut, mais non « plus tôt, » voilà ce que nous disent nos femmes. Elles ont cent fois raison. Nous avons deux atamans : l'ataman grand seigneur et l'ataman ami des petits. Ils se jalousent, la méfiance les fait rivaux. C'est à croire qu'ils voudraient se dévorer tout vivants. Les Moscovites, les Polonais et les Tatares fomentent ces haines qui ne servent qu'à eux. Béni sera celui qui pourra mettre la concorde entre ces passions déchaînées !

— On dit que notre ataman ne se porte pas bien. Est-ce vrai ?

— Il a vieilli. Il est bien changé. Ce n'est qu'à l'écrevisse que le chagrin et la souffrance, le feu vu de trop près, donnent de belles couleurs.

— Et l'autre ?

— De l'autre, vous n'entendrez dire que du mal.

— Est-ce que personne des nôtres n'est près de lui ?

— Si fait ! Anton est là, mais il ne pense qu'à s'en défaire. Il dit que c'est un rude métier que d'avoir l'œil sur un coquin pareil. Dans le cas où tu voudrais visiter ce vautour, rappelle-toi que sa femme est une vraie bonne âme. C'est parmi les épines qu'a fleuri cette rose. C'est une grande dame, mais son cœur bat. Elle a une sœur qui est peut-être un ange.... et qui pour sûr sera un jour ou l'autre une sainte, du côté des martyrs, dans le grand calendrier de Dieu.

— Ainsi, dit Tchetchevik, — notre ataman à nous serait découragé?

— Il l'est.

— Quels sont ses conseillers?

— Personne; il reste seul comme un aigle blessé.

— N'importe, dit le vieux rapsode en redressant sa grande taille, il faut voir tout cela de près. J'irai à tous, à tous! et, si Dieu me vient en aide, je ferai un faisceau de ces armes éparses. »

Maroussia s'approcha de Knich et, fixant sur lui le plus doux de ses regards :

« J'ai un grand service à te demander, dit-elle.

— Parle, petite. »

Elle lui prit la main. Elle voulait parler, mais de son cœur débordant il ne put d'abord sortir que ceci :

« Tu diras à mon père vénéré.... tu diras à ma mère chérie.... »

Les larmes bienfaisantes étaient venues, elles coulaient, coulaient silencieusement de ses yeux.

Les deux hommes émus laissaient à son émotion le temps de se calmer.

Enfin, par un effort suprême, elle reprit d'une voix affermie :

« Tu leur diras que, si Maroussia ne doit pas les revoir, c'est qu'elle sera morte, et qu'elle sera morte en pensant à eux, — aux petits frères aussi, — à eux et à l'Ukraine, — et à celui dont ils m'ont fait la fille pour tout ce temps d'épreuve. Je baise la main de mon père sur la tienne, Knich, et je te dis adieu et merci.

— Ah! chère petite, dit le vieux paysan, que Dieu te conduise! mais tu ne seras jamais à ta place que dans son paradis. »

Tchetchevik aurait été le père de sa petite compagne, qu'il ne l'aurait pas regardée plus tendrement ni plus fièrement.

« Sais-tu, dit-il à Knich, que ce roseau sera mon soutien ? »

Knich inclina la tête, et son mouvement voulait dire : « En vérité, tu as raison. » A part lui, il pensait : « Mon Tarass à moi est encore trop petit. »

Knich mit alors le théorbe dans la main de la petite mendiante.

« Allons, il est temps de partir, dit-il. Je veux vous mettre sur votre route et rentrer avant la nuit au logis. »

Il les fit sortir du souterrain par une autre issue, qui les conduisit dans une arrière-petite cour où s'entassaient de vieilles roues, de vieilles carrioles démantibulées, des outils et des charrues hors de service. A les voir bientôt passer sur la route, personne n'aurait reconnu en eux ceux qui tout à l'heure encore étaient dans le souterrain. Le vieux musicien n'était plus qu'un pauvre homme cassé par l'âge et la misère.

Maroussia, Maroussia au cœur radieux, n'était bien qu'une malheureuse petite mendiante, et le vieux Knich, le lent et lourd paysan dont le soldat Ivan avait mis à contribution l'inépuisable complaisance.

Ils marchent, marchent longtemps sans parler, comme il arrive à des gens qui n'ont plus rien à se dire.

Un détachement russe avait passé auprès d'eux, sans plus les remarquer que la poussière de la route.

Ils avaient fait une halte. Le vieux musicien était assis sur l'herbe et promenait lentement ses doigts sur les cordes de son théorbe, qu'il avait repris à Maroussia. Il chantonnait à mi-voix un hymne au refrain monotone, une sorte de prière du soir. Sa petite compagne, endormie sans doute par son chant, était couchée à ses pieds. Quant au vieux fermier Knich, il écoutait en rêvassant la tête penchée. En vérité, cela ne méritait pas le regard de tous ces beaux soldats. La halte de ces trois pauvres gens se prolongea jusqu'à ce que le dernier cavalier du détachement eût disparu dans le lointain.

Alors chacun d'eux se leva. Les mains une dernière fois s'unirent, une dernière fois les yeux s'allumèrent, et d'un élan commun, pour dernier adieu, chacun échangea ces quatre mots : « Tout pour la patrie ! »

XI

TOUT POUR LA PATRIE.

Une fois séparés, l'un retournait sur ses pas, les deux autres marchaient en avant; chacun allait dans sa voie, aucun d'eux ne se retourna pour s'adresser un dernier regard.

XII

PAROLES ET MUSIQUE

A la brune, le vieux musicien et sa jeune compagne se trouvaient déjà en vue du camp russe, dont les tentes établies sur une colline s'étageaient sur des pentes fleuries jusqu'au bord.

Les ombres du soir commençaient à s'étendre sur la terre; quelques bandes de feu éclairaient encore l'horizon.

Le camp était tranquille. La lassitude du dernier combat avait éteint toute animation. Les sentinelles, dorées par les derniers rayons du soleil couchant, étaient si immobiles à leur poste qu'on les aurait prises pour des statues. Quelques militaires allaient encore et venaient, errant lentement sur les flancs de la colline ; quelques groupes silencieux, plus nombreux qu'on ne l'aurait cru, les uns assis, les autres étendus sur le sol, se distinguaient à peine des ondulations du terrain.

Quoique la soirée ne fût pas encore avancée, on percevait dans une tente la pâle lueur d'une lampe dont la lumière perçait les parois en toile. A mesure qu'on approchait, on entendait quelque bruit discret, celui d'une arme qu'on déplace, un gémissement, un rire étouffé, un lambeau de phrase.

Une sentinelle signala le vieux rapsode et sa compagne. Un petit mouvement s'opéra. Au lieu de se laisser intimider par le : « Qui vive ! » qui l'accueillait, par la vue de tous les guerriers ; au lieu de rebrousser chemin, comme beaucoup d'autres l'eussent fait à sa place, le vieillard marchait droit au camp.

C'était un vieux qui voulait tout voir, sans doute, et de très-près, qui certainement aimait les soldats, et qui probablement avait été soldat lui-même. Autrement il ne se serait pas avancé avec une telle confiance. Cette confiance produisit un bon effet. Quand on affronte si gratuitement un danger, c'est qu'on n'a rien à en redouter. Après avoir respectueusement salué un groupe d'officiers qui, assis ou à demi couchés, devisaient de leurs faits de guerre, il leur demanda naïvement s'il ne leur plairait pas qu'il leur fît un peu de musique et même qu'il leur chantât quelque chose.

Toute distraction a son prix à certaines heures de la vie. Son offre fut acceptée avec bonté.

On jugea aux premiers accords qu'il savait son métier et on l'écouta avec plaisir. La musique a le don d'arracher la pensée aux soucis du jour et de l'emporter loin des réalités.

Bientôt les conversations cessèrent, les regards perdus dans le vide attestaient que chacun, remontant le courant du passé, évoquait quelque cher souvenir : le père ou la mère, l'enfant ou la femme dont la guerre l'avait séparé. Quelques soldats, la tête entourée de bandages ensanglantés, se soulevaient sur leurs coudes pour mieux entendre. Le musicien chantait la famille, l'enfance et la jeunesse. Tout cela était si loin ! On savait gré à sa chanson de faire apparaître au milieu de ces abris d'un jour la maison où l'on était né, la pierre solide du foyer, de rappeler à chacun que la guerre n'est pas toute la vie.

Les morts de la veille n'étaient déjà plus là pour dire : « Si ! la guerre prend toute la vie ; » et les mourants, ces morts de demain, n'auraient pas eu la force de protester !

Plus d'un œil farouche se mouilla. Le succès du vieillard était grand, si grand que, quand il eut cessé de chanter, bien des mains avaient déjà tiré de leur poche quelque menue monnaie pour la lui offrir.

« Approche donc, petite sorcière ! » cria un gros officier.

Et montrant à Maroussia un kopeck :

« C'est pour ton père, viens donc à la recette. »

La petite ne bougeait pas ; elle était tout entière dans le rêve évoqué par le chant de son ami ; que c'était bon ce qu'il avait chanté et, qui l'eût cru ? comme il chantait bien !

« Viendras-tu, petite sauvage ? lui criait un autre. Arriveras-tu, petite cane ? »

Quelques-uns commençaient à se fâcher.

« Il faut remercier ces braves messieurs, ma fille, dit le vieux ; va et tends-leur la main. »

Maroussia tressaillit ; mais il avait ordonné, elle obéit. Comme sa petite main tremblait en recevant ces offrandes ! Cet argent de l'ennemi lui brûlait les doigts.

« Cette petite n'est pas laide, dit l'un.

— Elle a une paire d'yeux que l'on prendrait pour une paire d'étoiles, disait l'autre.

— Quand tu seras grande, ma mignonne, je viendrai pour t'épouser.

— C'est convenu, n'est-ce pas? » disait un troisième

Mais le théorbe du vieux se fit entendre de nouveau et avec un accent nouveau. On oublia la petite et on se remit à écouter.

Voici ce que cette fois disait en résumé la chanson du vieux chanteur : « Oiseau libre des steppes, ne fais point de nid près du fleuve de Desna, car ce fleuve grossit tous les jours et ses eaux implacables vont engloutir tes petits! » En écoutant le récit de la mort de ces pauvres oiseaux et les plaintes déchirantes du père et de la mère, impuissants à les défendre de l'invasion des eaux, quelques graves visages de bronze se mirent à sangloter.

La veille, ils avaient tout saccagé, tout massacré sans sourciller. Ils avaient été l'invasion et ne s'en doutaient pas.

Un jeune officier, joli comme une peinture, content de sa personne, alerte, aux manières décidées, était dès le premier morceau sorti de sa tente.

Peu à peu sa figure s'était adoucie, son petit air avait disparu; il avait laissé éteindre sa pipe et était devenu tout pensif. La chanson du vieillard lui avait rappelé qu'il avait pourtant été créé à l'image de Dieu avant de s'être fait à l'image de son général. Il allait l'oublier.

Après ce second chant, on en demanda un autre; le vieux musicien se fit un peu prier.

« J'ai peur, dit-il, qu'il ne vous convienne pas d'entendre celui auquel je pense. Il est triste et sévère.

— Va tout de même, lui dit un grand et maigre officier à la figure rude et austère. Notre métier nous sèche assez les yeux; n'aie pas peur de nous les mouiller. Il est d'une sage hygiène de varier ses émotions, et tu es arrivé à point.

— Vous le voulez? dit le vieillard. Eh bien, écoutez:

« Il y a longtemps, bien longtemps, quelques braves gens avaient une patrie; ah! une petite patrie, mais pour eux c'était le monde entier. Ils la chérissaient. Leurs ancêtres l'avaient fécondée, leurs mères l'avaient parée, leurs sœurs en avaient fait un paradis embaumé. Ils vivaient tranquilles sans s'occuper de leurs puissants voisins. Un jour ces voisins se dirent : Ce pays-là est heureux, il est riche, il est charmant, cela ferait une jolie bague à notre doigt. Et le petit pays prospère fut soudain envahi. Les coursiers du peuple fort foulèrent aux pieds les enfants du peuple faible. Les sabres des jeunes officiers imberbes abattirent les têtes blanchies par l'âge des vieillards et des femmes même restées à la garde de leurs foyers. Les garçons robustes et intrépides, succombant sous le nombre, périrent dans les combats. Les jeunes filles courageuses et aimantes devaient attendre en vain leurs frères, leurs fiancés. Des maisons, des villages, des villes entières disparurent.

XII

« QUEL CRIME EXPIAIT DONC CE PETIT PEUPLE ? »

« Quel crime expiait donc ce petit peuple ? Aucun ! Il était bon à prendre.

« Qui sait cependant si un jour ce peuple fort, attaqué par un peuple plus fort encore, n'aura pas à subir la peine du talion ?

« Et si cela arrive, au nom de quelle justice les vainqueurs d'aujourd'hui, devenus les vaincus de demain, essayeraient-ils de faire monter leurs plaintes jusqu'au Très-Haut ? »

En écoutant le simple rapport des faits, dont quelques-uns ne cherchaient pas l'application, d'autres la faisaient. Pour ceux-ci, cela était clair.

Des conversations animées s'engagèrent.

« Diable ! diable ! se dit l'officier qui tout à l'heure se plaignait d'avoir eu trop longtemps les yeux secs. Cette vieille chanson des temps passés va bien droit à notre adresse. Le vieux chanteur s'en serait-il douté ? Il faut croire que le monde n'a guère changé depuis des centaines d'années qu'on la chante.

— Attrape ! dit le petit jeune homme. Ce chanteur n'a pas tort, après tout, mais à quoi servira sa leçon ? L'ordre est donné, il faut marcher.

— De quoi se plaignent-ils ? dit un autre : « L'Ukraine aux Ukrainiens, » que veut dire ce cri ? On ne veut pas la manger, leur Ukraine. Ces atomes sont fous. Est-il donc si désolant, alors qu'on n'était rien qu'une fourmilière inconnue, de faire enfin partie d'un grand empire ?

— Cependant, dit le jeune officier blond, mettons-nous à leur place. Ce qu'ils font, ne le ferions-nous pas ? Il est toujours désagréable d'être pris de force, que diable ? Vous me direz que dans cent ans ils n'y penseront plus ; — pour ceux qui vivront dans cent ans vous parlez bien ; — mais pour ceux dont les chaumières sont en feu, parce qu'ils ont voulu les défendre, la question n'est pourtant pas la même.

— Un si petit peuple, une parcelle de peuple n'a pas le droit de vivre à sa guise. Il faut de grands empires pour accomplir de grandes choses.

— C'est possible. Mais vivre à sa guise dans un bon petit chez soi qu'on adore est une bonne affaire, sans contredit.

— L'amour de la patrie, bon pour les grandes nations, ne saurait être mauvais pour les petites, dit un jeune capitaine.

— Tu as d'autant plus raison, lui répondit philosophiquement le vieil officier, que ce qui est trop grand à la fin se disloque. J'ai parfois peur de toutes nos grandeurs. »

On voit que chacun parlait sans contrainte. Cela n'étonnera que ceux qui n'ont pas vécu dans les camps. La discipline n'y règne que sur les corps. Les langues y sont souvent moins qu'ailleurs asservies. L'âme libre se donne partout ses revanches.

On revint peu à peu sur la bataille de la veille et du matin.

« Ces paysans se battent comme des héros, disait celui-ci.

— Comme des diables d'enfer, répondait un robuste gaillard qui avait le bras en écharpe. S'ils avaient des chefs et de l'instruction, il ne serait pas déjà si facile d'en venir à bout.

— Mourir d'un coup de fourche n'est pas gai pour un soldat, dit un autre. Qui aurait dit à notre pauvre colonel qu'il finirait ainsi : « Quoi ! pas même d'un coup de pique ? » s'est-il écrié en tombant. Peste soit de cette guerre ! Quelles vilaines blessures ; les chirurgiens n'y comprennent rien. Ils sont tous déroutés ; et que de blessés, et que de morts ! Ce sont des loups, de vrais loups enragés. On les croit finis ; pas du tout, ils se relèvent pour vous mordre. Encore deux victoires comme celle-là, et, si des renforts n'arrivent pas ; nous ne pourrons pas tenir la campagne.

— Si nos soldats se battaient comme ces gens-là ! dit un vieil officier.

— Ils se battraient comme cela, dit un soldat blessé, s'ils défendaient leurs femmes et leurs enfants, et le toit de leurs pères. »

Comme il était pâle, le pauvre soldat, et quel effort il avait fait en se relevant à demi pour faire entendre une telle vérité à son supérieur ! L'officier lui répondit. Mais le soldat s'en tint là. Il était retombé : il était mort.

Le vieux musicien n'avait rien perdu de tout ce discours. Jugea-t-il qu'il en avait assez entendu ou assez fait entendre?

Tout à coup il entonna un air si enjoué, si entraînant, si gai, qu'il eût donné envie de danser même à des ermites.

C'était l'histoire d'une jeune et solide fille qui vendait son jupon pour acheter une pipe à son fiancé et qui la lui portait tout allumée à travers une grêle de balles sur le champ de bataille. Tout de suite l'humeur générale avait changé. Les plus vieux battaient la mesure; les jeunes faisaient chorus au chanteur :
« Quel fameux chanteur! disait-on, et quels sons il tire de son théorbe! La bonne soirée, et qui pouvait s'y attendre! »

Le vieux chanta encore quelques chansonnettes du même genre, à la grande joie des soldats, qui de tous les coins du camp avaient fini par accourir; puis il se leva et fit ses adieux à ses nombreux amis. Quelques-uns lui firent la conduite.

« Reste donc, vieil entêté, reste jusqu'à demain. Les nuits sont froides, et les routes ne sont pas sûres. Dis-lui donc, petite, de rester jusqu'au matin. Bon gîte et bon souper valent bien qu'on attende. Il n'est pas si pressé, que diable! La recette a été bonne. Le petit officier blond t'a mis dans la main une pièce d'or. Je l'ai vue; avec cela ton grand-père pourra t'acheter une belle robe. »

Le vieillard tint bon.

« On n'est pas chanteur ambulant pour ne pas ambuler, » dit-il en riant.

Et il disparut avec la petite fille dans les ténèbres du soir.

« Sais-tu ? lui dit Maroussia, j'ai entendu dire à trois officiers que le dernier combat avait été si rude, qu'ils ne seraient pas de quinze jours en état d'attaquer Tchiguirine. »

XIII

ON APPROCHE

Maroussia et son ami marchèrent une bonne partie de la nuit sans se parler. De loin en loin, Tchetchevik s'arrêtait et offrait à l'enfant de la porter.

« Je ne suis pas lasse, » répondait-elle.

Les heures s'envolaient pour Maroussia comme des oiseaux rapides. Son cœur était rempli d'enthousiasme. Son grand ami, bien sûr, était satisfait. La soirée de musique qu'il avait osé donner au camp lui avait appris bien des choses. En même temps que ses oreilles entendaient, ses yeux avaient regardé et jugé. Les victorieux ne chantaient pas victoire, les vaincus n'avaient donc pas à regretter leurs efforts. Oh! si on pouvait les régulariser par la concorde, si on pouvait donner de l'unité aux efforts! Si on le pouvait, bien que la lutte fût inégale, on pourrait ne pas désespérer. Tout dépendait de ce que Tchetchevik allait trouver à Tchiguirine, mais il fallait y arriver.

Quelle heure était-il? Le ciel sans étoiles ne donnait que des indications incertaines.

Voilà cependant qu'après des heures et encore des heures de marche brillèrent au fond des ténèbres, aux yeux des voyageurs, comme de petits points rouges. C'étaient les lumières de la ville. Bientôt se dessinèrent les murs et les grands bâtiments.

Il y avait quelque chose de lugubre dans l'aspect de cette sombre cité parsemée, de loin en loin seulement, de quelques lueurs tremblantes. Aucun bruit n'en venait, rien n'y attestait la vie. Ce n'était pas le silence réparateur du sommeil, mais celui de quelque inquiète attente. Le sentiment d'un danger prochain, terrible, semblait peser sur ces maisons serrées les unes contre les autres.

L'obscurité dans laquelle Tchiguirine se cachait semblait volontaire. Une vraie lumière y eût ressemblé à un signal dont aurait pu profiter l'ennemi. Les hauts clochers, les parapets, les forts, les remparts blancs par endroits, venaient sûrement d'être remis en état. C'était un bon symptôme ! Les rossignols chantaient déjà comme à l'ordinaire dans les petits jardins dont beaucoup de maisons étaient pourvues. Rien ne leur disait donc, à eux, ce qui menaçait leur patrie !

Tchetchevik et Maroussia s'approchèrent de la porte de la ville. Comment cela se faisait-il ? Elle ne paraissait pas gardée. La petite porte seule, il est vrai, était entre-bâillée, mais derrière, personne, pas même un portier.

Ils poussèrent la porte, qui roula sans bruit sur ses gonds. Personne ne les arrêta, personne ne les questionna. Était-ce un piége ? Ils entrèrent sans aucune difficulté. Cependant, il leur sembla que les yeux de quelques rares passants, mis en mouvement sur leur chemin d'une façon inattendue, les suivaient avec persistance.

« Écoute-moi, mon frère, dit Tchetchevik à un jeune Cosaque qu'il aperçut accoudé sur la palissade d'un jardin, écoute-moi ; sois un brave garçon et montre-moi le chemin qui conduit chez notre ataman. »

Le jeune Cosaque releva un peu sa coiffure, en signe de salut, et, montrant le bout de la rue, dont quelques fenêtres étaient à demi éclairées, lui dit :

« Au bout de cette rue, vous tournerez à gauche, et vous serez devant la maison du grand ataman.

— Merci ! mon frère. »

Ils prirent la rue indiquée, tournèrent à gauche et se trouvèrent en effet en face de l'habitation de l'ataman.

La maison du grand ataman n'était pas plus spacieuse que les autres ; rien ne la distinguait, pas même une sentinelle ; on ne pouvait la reconnaître que parce qu'elle était un peu éclairée. Deux jeunes filles, en passant devant ces fenêtres, s'arrêtèrent un instant, et, regardant à travers les vitres, une des deux curieuses dit à l'autre :

« Il paraît que notre ataman veille. »

Derrière les vitres d'une des petites fenêtres qui étaient éclairées, on devinait plutôt qu'on ne la distinguait une tête de Cosaque à longues moustaches, tête qui semblait être taillée dans le marbre noir.

« C'est un homme de garde ! » se dit Tchetchevik.

L'homme de garde, si c'en était un, restait immobile, comme absorbé dans de profondes réflexions.

En écoutant bien, on entendait au rez-de-chaussée, dans l'intérieur, des pas d'homme ; les pas étaient tantôt rapides, tantôt lents.

« Ces pas-là sont très-expressifs ! » se dit encore Tchetchevik.

Il frappa à la porte une, deux, trois fois, lentement.

Au troisième coup, le Cosaque qui se tenait immobile près de la fenêtre se leva et vint ouvrir.

Les pas qu'on entendait s'arrêtèrent.

« Les amis lointains envoient leurs amitiés au grand ataman, » dit à mi-voix Tchetchevik en entrant.

L'appartement n'était rien moins que splendide. La première pièce était basse sans aucun ornement. La porte conduisant dans la pièce voisine était soigneusement fermée.

« Eh bien, je suis sûr que le grand ataman sera on ne peut plus reconnaissant de ce bon souvenir, » répondit le Cosaque aux moustaches avec une indifférence polie.

Sa figure n'exprima ni étonnement ni inquiétude. On pouvait croire que le grand ataman recevait chaque jour des visites semblables : — des musiciens ambulants apportant des nouvelles des amis lointains.

« Puis-je me présenter devant le grand ataman lui-même, frère ? » demande Tchetchevik.

Mais, dans ce moment, la porte conduisant dans la chambre voisine, poussée par une main impatiente, s'ouvrit toute grande, et le grand ataman lui-même parut sur le seuil.

Il ne disait rien, mais toute sa figure parlait et disait :

« D'où viens-tu ? De la part de qui ? Quelles nouvelles apportes-tu ? »

La lumière l'éclairait faiblement, et on ne pouvait distinguer ses traits. Mais les yeux, les yeux perçants et chercheurs, flamboyaient comme des charbons ardents.

« Je me prosterne devant le grand ataman, dit Tchetchevik » en faisant un profond salut.

Maroussia, qui se tenait toujours près de son grand ami, salua aussi.

« Vous êtes les bienvenus, répondit le grand ataman. Quelle chanson nous chanteras-tu, brave chanteur ? »

Le son même de la voix vous révélait un homme habitué à commander, un homme ne sachant pas se gêner quand il s'agissait de dire son opinion ou de la défendre.

« Quelle chanson, notre grand ataman ? J'en ai plus d'une à te faire entendre, et de ma façon, si tu daignes les écouter. »

Le grand ataman ne répondit rien. Mais quelles paroles, si fortes qu'elles soient, pouvaient mieux exprimer la douleur que ce silence de quelques instants !

« D'où viens-tu ? dit-il enfin.

— Du Zaporogié, répondit Tchetchevik. Les braves du Zaporogié présentent leurs compliments au grand ataman.

— Dans le temps où nous sommes, nul n'a à faire, nul n'a à recevoir de compliments, répondit l'ataman. Entre dans ma chambre. »

XIII

JE ME PROSTERNAI DEVANT LE GRAND ATAMAN.

Tchetchevik suivit le grand ataman, tenant toujours Maroussia par la main, et entra dans la pièce voisine.

Cette pièce était aussi simple que la première : les murs blanchis à la chaux, les escabeaux en bois de tilleul qu'on trouve dans toute habitation paysanne.

Mais il y avait beaucoup d'armes très-riches; pistolets et poignards étincelaient sur les murs.

Des papiers, des notes encombraient la table ; sur ces papiers on voyait la boulava, le bâton de commandement de l'ataman.

Une paroi du mur était garnie de gros crochets en bois sur lesquels pendaient les habits de gala, tout brodés d'or, d'argent et de pierreries. Ces broderies d'or, ces pierres précieuses étincelaient dans la chambre et lui prêtaient un aspect tout à fait étrange.

Dans un coin, il y avait un lit qui semblait n'avoir jamais donné de repos à celui qui s'en servait. Un coussin repoussé loin de l'oreiller disait clairement combien était enfiévrée la tête qui, pour quelques instants, y cherchait le sommeil.

« Je te prie de t'asseoir, » dit le grand ataman.

Il s'assit aussi, et ses yeux ardents se posèrent alternativement sur la figure de Tchetchevik et sur celle de Maroussia.

« Pourquoi cette enfant? dit-il.

— Sourde et muette, n'y prends pas garde. Sa tête

n'est qu'un petit bouton de rose que la fatigue fait pencher sur sa tige; elle a besoin de sommeil. »

Le grand ataman se leva, et, décrochant un magnifique manteau, il le jeta à Tchetchevik; un splendide tapis de Perse recouvrait un banc. Il le montra à son hôte. Tchetchevik, en un clin d'œil, prépara un lit; après quoi, soulevant le corps brisé de la petite fille dans ses bras, il la coucha et l'enveloppa depuis les pieds jusqu'aux yeux avec une tendresse de mère.

« Sourde et muette! » lui avait-il dit tout bas en l'embrassant sur le front.

Le lit était placé à l'angle de la pièce. Encapuchonnée dans les plis soyeux du riche manteau, les yeux de l'enfant s'attachaient malgré elle sur son ami et sur le grand ataman, assis devant une table, en face l'un de l'autre, une lampe placée entre eux éclairant leurs figures. Quel homme que son grand ami! Quelle noblesse! Quelle force! Son petit cœur frémissait de bonheur en le contemplant.

Mais l'autre, le grand ataman! son cœur se serrait quand elle regardait ces yeux profondément enfoncés, étincelant d'un feu sombre, ces sourcils épais, ces rides prématurées qui creusaient son front imposant et fier. Ce jeune vieillard semblait être miné par un feu intérieur qui le brûlait sans cesse, jour et nuit.

Ils causaient doucement à voix basse.

Maroussia écouta longtemps le murmure de cette conversation, comme on écoute le bruit lointain des vagues. Enfin, la fatigue triompha de la petite fille; ses yeux se fermèrent comme des pétales de fleur. Elle s'endormit; elle devint au vrai sourde et muette.

XIV

LE BUT. — ET APRÈS.

Maroussia reposait comme on repose sur le bord escarpé d'un rocher à pic dont le pied plongerait dans la mer ; on dort, mais en même temps on sent qu'on est tout près d'un abîme, on entend son menaçant murmure. On rêve de bien des choses, mais on a vaguement la conscience que, dans ce vaste océan, on pourrait disparaître comme une goutte d'eau.

Un instant un sourire passa sur ses lèvres; elle revoyait en rêve la maison de ses parents, le clos des cerisiers si embaumé, ses petits frères, tous les visages amis; mais bientôt tout disparaissait comme dans un brouillard. Sa vie passée, si calme et si riante, reculait à l'arrière-plan. Sur le premier, se dressaient en traits de feu des images nouvelles, terribles ou grotesques, des figures qu'elle ne connaissait que depuis peu, mais auxquelles appartenait tout son avenir.

Tout à coup elle se réveilla, se souleva un peu sur son lit improvisé et regarda de tous ses yeux.

Ils ne dormaient pas, eux!

Tchetchevik était toujours assis, accoudé près de la table, et ses regards étaient de vrais astres qui brillaient d'une lumière calme, égale, resplendissante.

Le grand ataman était debout au milieu de la chambre. On voyait qu'il s'était élancé de sa place dans un mouvement de douloureuse indignation, mais qu'une fois cet effort fait, la violence d'un coup porté trop juste l'avait comme pétrifié.

Enfin il parla :

« Voilà ce que vous voulez, vous autres! Mais le remède sera pire que le mal. Je sais bien que je me suis jeté à l'eau sans m'être inquiété de l'endroit où

XIV

ILS NE DORMAIENT PAS, EUX!

était le gué; mais pas plus que moi, avec l'autre, vous n'atteindrez le rivage. Notre pays sans frontière, sans forces, sans union, sans conseils, n'est plus qu'une maison ouverte à tous les vents, et nos voisins sont bien bêtes de nous faire la guerre; ils pourraient attendre tout de nos seules discordes.

— Nos discordes? Quelle en est la cause principale, sinon ce commandement à deux têtes? répondit froidement Tchetchevik. Il faut dans l'effort rétablir l'unité. Il n'est d'espoir, de salut que là. »

Le grand ataman se sentit comme brûlé par un fer chaud. Il fit quelques tours dans la chambre, pareil à un lion blessé. Puis, ayant ouvert la fenêtre, son regard plongea dans les ténèbres de la nuit.

Le silence était tel et telle l'émotion de l'ataman, que Maroussia, bien qu'elle fût à l'autre extrémité de la pièce, crut entendre les battements de ce cœur déchiré.

Rafraîchi par l'air de la nuit, calmé par son silence même, il revint se placer devant la petite table, en face de Tchetchevik.

« Au moins, dit-il, il sera bien entendu que c'est parce que je suis le meilleur que vous comptez sur moi pour céder au pire. On saura que c'est parce qu'aucune abnégation n'est à attendre de celui qui a déjà appris la moitié de son rôle de Judas que vous me demandez, à moi, un tel acte de dévouement.

— C'est, dit Tchetchevik, pour lui rendre impossible de jouer son rôle de Judas tout entier, pour lui enlever toute raison, tout motif, tout prétexte de le mener jusqu'au bout; c'est parce que nous savons que vous êtes le plus noble des fils de l'Ukraine, que nous vous demandons de vous effacer pour un temps devant cet indigne que votre gloire offusque et que l'envie seule jette dans les bras des Russes.

— Nul ne m'accusera de trahison au moins, nul de lâcheté, quand j'aurai accordé ce que tu me demandes?

— Nul n'ignorera l'héroïsme de ton sacrifice ; au contraire. Nos amis qui m'envoient ne savent-ils pas ce qu'il doit t'en coûter de t'y résoudre?

—Et, si, malgré tout, le misérable nous vendait?...

— Il mourrait avant d'avoir accompli son forfait, dit tranquillement Tchetchevik. Il est, Dieu merci! le seul traître possible de sa maison. Quelqu'un veille tout près de lui, qui ne le laisserait pas se déshonorer tout à fait. »

Il y avait sur la table plume, encre, papier; l'ataman prit la plume. Tchetchevik tourna ses regards du côté de Maroussia, et lut son anxiété dans ses yeux. Sa petite amie ne se sentait pas à son aise. C'était si difficile à faire ce qu'exigeait du grand ataman son ami, qu'à la fin il pouvait bien se fâcher. Et alors, entre deux hommes de cette trempe, que pouvait-il se passer?

Un sourire de Tchetchevik fit comprendre à la petite sourde et muette qu'elle pouvait être tranquille.

L'ataman écrivait, pesant chaque mot sans doute, et il avait bien raison. De telles lettres, « une abdication, » ne s'écrivent pas entre deux bouffées de tabac.

Quand la lettre fut finie, il la tendit à Tchetchevik.

« Tiens, lui dit-il, es-tu content? »

Tchetchevik, après avoir lu, lui répondit :

« Content? Non, certes, car je donnerais ma vie pour que tu fusses à la place de celui qu'on va sembler te préférer. Mais je suis fier pour l'Ukraine de ce renoncement du plus brave de ses fils. Si nous devons succomber dans cette lutte, notre histoire comptera un héros de plus. Ceux qui mourront pour elle n'auront rien à se reprocher. Toi, tu auras fait plus qu'aucun d'eux, tu seras descendu du pouvoir pour la sauver, — sans même être sûr d'y réussir. Tu seras mort deux fois, et glorieusement. Que ton âme se rassure! Tu nous mets dans la main la seule carte qui puisse rétablir la partie. »

Tchetchevik avait plié la lettre et l'avait cachée dans le manche d'un poignard qu'il portait sous sa robe.

« Quand la remettras-tu à sa destination? lui dit l'ataman. Quand saura-t-il que, pour l'Ukraine, je suis prêt à tout, même à combattre sous ses ordres, des ordres qu'à lui tout seul il n'est pas capable de donner?

—Ne sais-tu pas, dit Tchetchevik, qui les inspirera, ces ordres, et qui inspirera celui qui les lui conseillera? Eh bien, c'est là que tout d'abord ta lettre sera lue. Je la remettrai moi-même aussitôt que j'aurai fini ma tournée. Je ne perdrai pas une heure, mon ataman, tu peux y compter. Et si tout ne va pas bien, si je sentais que ta lettre peut être inutile, sois tranquille, je l'anéantirais. Elle n'aurait pas été écrite. »

Il s'était levé.

Tout émue de la fin de cette scène, Maroussia s'élança près de son grand ami.

« Baise la main qui vient d'écrire cette lettre, lui dit Tchetchevik.

— Ah! je le désirais, dit Maroussia. Je suis muette quand il le veut, dit-elle, s'adressant à l'ataman, sourde quand il m'en prie, j'oublie tout quand il me fait un signe, et j'aime et j'honore tout ce qu'il honore et tout ce qu'il aime. »

Et prenant la main du grand ataman avant qu'il eût pu la retirer, Maroussia y avait déposé un respectueux baiser.

« Ah! dit le grand ataman à Tchetchevik, tu es aimé, toi!

— Tu es aimé aussi, lui dit Maroussia ; tu es aimé par mon grand ami et par nous, parce que tu aimes l'Ukraine. »

L'ataman les reconduisit jusqu'au seuil de la

porte, et là ils se quittèrent ; leur dernier mot avait été : « Tout pour l'Ukraine ! »

Ils avaient laissé le grand ataman pensif, debout sur le seuil de sa maison. Ils se dirigeaient vers la porte de la ville.

Les rues étaient désertes ; les petits vergers étaient remplis de cerisiers tout blancs de fleurs ; au loin on entendait le frais et paisible murmure d'une rivière.

Après avoir fait une centaine de pas, Maroussia se retourna pour jeter un regard sur la maison du grand ataman.

Sa grande ombre était toujours là, sur le seuil ; l'ataman pensif les suivait des yeux.

A la lueur incertaine des étoiles, sa figure était à peine visible ; mais ce qu'on apercevait de son être exprimait encore si bien la souffrance, que Maroussia sentit son cœur battre pour lui.

« Celui-là saura défendre Tchiguirine ? demanda-t-elle à son grand ami.

— Oui, si on l'attaque ; mais nos ennemis ont plus facile à faire que de prendre par la force nos villes.

— Mais enfin, si on l'attaque ?

— Il s'y ferait tuer plutôt que de la rendre.

— J'en étais sûre, » dit la petite enthousiaste en battant des mains.

Ils ne prenaient pas par les rues qu'en venant ils avaient traversées. Tchetchevik avait son idée de bien voir par ses yeux l'aspect que présentaient les autres quartiers de la ville.

Elle eût semblé morte à un indifférent; mais, de cent pas en cent pas, on rencontrait quelques hommes robustes, que le hasard seul ne pouvait pas avoir placés ainsi aux endroits d'où précisément on pouvait tout surveiller. Ces gens les laissaient passer d'un air insouciant, puis bientôt les dépistaient, et, revenant comme en flânant sur leurs pas, avaient, en fin de compte, pu se bien assurer qu'ils allaient droit leur chemin. L'un d'entre eux, voyant la grande taille du musicien, était venu distraitement le regarder de si près sous le nez, que Maroussia en avait tressailli.

« Il est hardi, ou peut-être étourdi, celui-là, » dit-elle à voix basse à son grand ami; il a l'air de ne pas plus connaître le danger qu'une mouche.

— C'est un curieux, lui dit Tchetchevik; ses intentions ne sont pas mauvaises. C'est une bonne race que ces gens de Tchiguirine; ils iraient au feu comme à une promenade. »

Quand nos voyageurs arrivèrent à la porte de la ville, un géant de Cosaque, qui semblait sortir de terre, se présenta devant eux. Il avait des moustaches de deux lieues, et il leur barra le passage comme un clocher en pierre.

« Quel est votre chemin, mon vénérable? demanda-t-il.

— Celui des honnêtes gens, mon brave.

— Où allez-vous?

— Chez les honnêtes gens.

— C'est un nom qui n'appartient pas toujours à ceux qui s'en parent. Il se peut que vous rencontriez les méchants!

— Si l'on avait toujours peur du loup, on n'oserait jamais s'aventurer dans les bois, et on ne goûterait point aux fraises.

— Si j'étais un Cosaque plus dégourdi, mon vénérable, je t'aurais prié de me chanter un bout de chansonnette, et cela me ferait grandement plaisir, car j'adore le chant. Mais je suis plus timide qu'une jeune épousée, et je n'ose insister. »

Maroussia voulut voir mieux ce « timide »; mais la tête du gaillard se trouva si haut placée qu'elle ne put apercevoir que sa fameuse paire de moustaches, qui pendaient comme deux gerbes de foin.

« Tu es timide, répondit Tchetchevik; mais tâche de reprendre courage. Que veux-tu que je te chante?

— Chante-moi n'importe quoi. »

Le musicien murmura à demi voix ce refrain :
« Ne dormez pas, même la nuit. C'est la nuit que les loups rôdent; pour ne pas se laisser surprendre par eux, c'est quand tout semble reposer qu'il faut avoir l'œil ouvert. »

— Ton refrain me plaît et il est de circonstance, dit le timide, tu peux passer. Je m'étais bien promis, quand je t'ai laissé entrer sans te rien dire, il y a quelques heures, qu'au retour je connaîtrais la couleur de ta voix.

— Il était là, il était là! dit Maroussia satisfaite; la porte n'était pas abandonnée. Tant mieux! »

De l'autre côté de la porte, le chemin se dessinait comme un serpent noir sur un tapis de verdure. Les rossignols chantaient décidément comme à l'envi dans tous les jardins de la ville de Tchiguirine cette nuit-là. « Ils chantent l'aube et aussi l'espérance, » disait Maroussia.

XV

LES RENCONTRES

Deux semaines après l'entrevue de Tchetchevik avec le grand ataman, par une douce et splendide soirée, le vieux rapsode avec son Antigone s'approchait lentement d'un village incendié.

Son voyage et celui de Maroussia n'étaient pas un voyage d'agrément. On voyait bien qu'ils ne s'étaient pas permis de prendre même le repos nécessaire : leurs yeux cernés brillaient d'un feu fiévreux; leurs figures étaient brûlées par le soleil et leurs vêtements couverts de poussière; leurs lèvres étaient sèches, leurs pieds meurtris.

Néanmoins, ils marchaient courageusement et causaient avec calme et sérénité.

A l'exception de quelques rencontres imprévues d'hommes qui se trouvaient on ne sait comment sur leur chemin, et qui échangeaient à peine un mot et quelquefois rien qu'un signe avec Tchetchevik, ils ne rencontraient d'ordinaire pas âme qui vive.

Tout était silencieux et désert; souvent ils avaient vu des maisonnettes en ruines, des murailles calcinées, des fermes détruites, des champs dévastés, des jardins ravagés, des troncs d'arbres à moitié brûlés, noirs d'un côté, encore verts de l'autre, à demi morts, à demi vivants.

Pour le moment, ils avaient sous les yeux un village récemment incendié; un peu de fumée s'élevant au-dessus de chaque amas de décombres en marquait la place.

A l'extrémité de ce qui avait dû être une rue, ils découvrirent les margelles ébréchées d'un puits.

« Un peu d'eau fraîche te fera du bien, » dit Tchetchevik à Maroussia.

Il plongea sa main dans un sac attaché à ses épaules, il en retira une petite écuelle en bois, et, écartant les plantes qui obstruaient l'orifice du puits, il la remplit d'eau fraîche et claire

— Merci, » répondit Maroussia.

Elle trempa ses lèvres dans l'eau limpide et, après avoir bu, s'approcha du puits. Que regardait-elle? Qu'y avait-il dans ce puits qui attirât son attention?

Tout à coup elle poussa un cri :

« Ah! »

Ses joues se couvrirent des plus vives couleurs, ses yeux s'illuminèrent et se tournèrent avec bonheur vers son grand ami.

Maroussia devint encore une fois toute rose, mais cette fois-ci l'éclat de ses yeux se voila, sa figure exprima un regret sincère.

« Encore une fois, se disait Maroussia, je n'ai pas su me vaincre! Ce cri, j'aurais dû le retenir...

— Bah! dit Tchetchevik, dans ce village incendié, le mal ne pouvait être grand. Personne n'a pu t'entendre, mon enfant. Si tu veux, nous allons souper. »

Du pain, un peu de sel, de l'eau, composaient tout le souper.

Mais cet « ah! » plein d'allégresse que Maroussia a poussé? Qu'est-ce qui le lui a arraché? Quel trésor a-t-elle entrevu dans ce puits démoli?

Rien, absolument rien, si ce n'est, accrochée aux parois du puits, une fraîche couronne de ces gentilles fleurs violettes que dans la maison de Maroussia on appelait des porte-bonheur, des fleurs de bon présage, les mêmes, absolument, que l'enfant cultivait avec amour dans le jardin de sa mère. Cette couronne avait été placée là récemment par quelque main amie, elle n'avait pu y venir toute seule. Pour Maroussia, la couronne voulait dire : « Tout va bien chez ceux que tu aimes, leur pensée te suit partout. » Pour Tchetchevik, elle signifiait : « Tes ordres ont été exécutés. »

Maroussia et son grand ami se sont compris et parlent d'autre chose. Pas un mot de la petite couronne n'est échangé entre eux. Il s'agit maintenant de Batourine.

« Est-ce grand, la ville de Batourine? dit Maroussia.

— Oui! mais on y trouve son chemin tout de même, » lui répond son grand ami.

Le repas est fini.

« Eh bien, Maroussia, as-tu repris tes forces? »

Elle est déjà sur ses pieds, elle a attaché son petit sac sur ses épaules, et ses yeux, qui se fixent sur le grand ami, brillent comme des étoiles. Que lui demandent-ils?

Avant de quitter l'endroit, le grand ami plonge son bâton à tête recourbée dans le puits et en retire la petite couronne. Elle est un peu mouillée. Il la secoue, en fait tomber toutes ses perles d'eau, et la pose sur la tête de Maroussia.

« Chère petite couronne! dit-elle. Tu veux bien qu'elle reste un peu où tu l'as mise?

— Bien sûr! répond le grand ami. Elle te va à ravir. Tu as l'air d'une petite fée. »

Maroussia bat des mains. C'est son grand signe de joie.

Et les voilà de nouveau en route, reposés, rafraîchis et courageux.

« Avant que l'étoile du soir brille à l'horizon, nous serons au tombeau de Naddnéprovka, » dit Tchetchevik à l'enfant.

Ces tombeaux, ou bien, comme on les appelle dans la langue du pays, ces *kourganes*, sont des collines d'une forme particulière qu'on rencontre en Ukraine. Ils recouvrent, si la tradition dit vrai, les corps de ceux qui sont morts pour la patrie. Et la vérité est que les laboureurs, quand ils les fouillent, soit du socle de leur charrue, soit de la fourche, y trouvent des armes, des anneaux, des colliers enfouis.

Le grand ami ne s'était pas trompé; l'étoile du soir ne brillait pas encore à l'horizon que les contours du tombeau de Naddnéprovka se dessinèrent devant eux.

Le soleil était déjà couché, mais les ombres du soir étaient encore claires; c'était une sorte de brouillard doré. Les jeunes arbres, les arbrisseaux, les hautes herbes qui couvraient « le tombeau » étaient comme en feu. La croix brisée, cassée, se dessinait nettement sur le ciel. Les grands oiseaux d'un gris foncé, en passant entre les bandes rouges du couchant et la terre, se nuançaient des couleurs de l'arc-en-ciel.

Du haut du tombeau, on apercevait le Dniéper. Le fleuve avait des reflets d'acier poli. De l'autre côté du rivage s'élevaient des monts boisés, dont les bases étaient tout à fait noires, et les cimes comme enveloppées de rouges lumières.

On entendait le murmure sourd des eaux profondes et le frémissement de la brise dans les joncs. De temps en temps, du milieu du silence, perçait le cri d'une mouette, et bientôt la mouette elle-même miroitait au-dessus des flots comme un petit point capricieux.

« Il me semble qu'il ne manque à ce tableau charmant, dit le grand ami à Maroussia, pour être complet, qu'un peu de musique. Qu'en penses-tu? Si je gratifiais le Dniéper d'une chanson?

— C'est cela, c'est très-bien imaginé, dit Maroussia. Asseyons-nous et amusons-nous. »

Il prit son théorbe, et bientôt l'écho des montagnes répéta à plusieurs reprises la phrase chantée en pleine voix par le vieux musicien.

« Laissez-nous nos prairies! laissez-nous nos steppes! A qui sont-elles, sinon à nous?

« Est-ce que leurs fleurs vous connaissent?

XV

LAISSEZ-NOUS NOS PRAIRIES, LAISSEZ-NOUS NOS STEPPES.

« Elles ne vous connaîtront jamais. Rien qu'à vous voir de loin, elles se flétrissent.

« Craignez les pleurs de l'innocent. Ils retomberont un jour sur celui qui les fait verser.

« Craignez le silence de l'homme injustement frappé : le knout n'a jamais tué une âme, et l'âme du père injustement frappé s'ajoute à l'âme de l'enfant. Les colères s'y amassent. »

La chanson était courte, mais expressive. Après l'avoir finie, le grand ami, pendant quelques instants, toucha doucement les cordes du théorbe. Ses yeux perçants étaient fixés sur le Dniéper. Maroussia, elle aussi, ne détachait pas ses yeux du fleuve.

Tout à coup, une mouette fit entendre son cri. Cette mouette semblait être sur le bord du fleuve, au pied des grandes roches, là, dans les joncs de la rive.

Les yeux du grand ami brillèrent d'un éclat plus vif, et l'écho des montagnes répéta le refrain d'une nouvelle chansonnette :

« Dans le monde entier, on ne trouve point un malheureux aussi misérable qu'un Ukrainien chassé du pays où Dieu l'a fait naître; son devoir, s'il ne peut y vivre, est de mourir au pays de ses pères. Quoi que vous fassiez, il y mourra et vous y mourrez avec lui ! »

Le cri de la mouette se fit entendre de nouveau,

et il semblait que ce fût à une plus courte distance.

L'écho des montagnes répétait encore :

« Quoi que vous fassiez, il y mourra, » quand, du côté même où s'était fait entendre par deux fois le cri de la mouette, sortit du milieu des hauts joncs une étroite nacelle. Elle se dessinait sur les vagues sombres, et, glissant rapidement, elle se dirigeait vers une petite baie naturelle qui se trouvait juste en face du tombeau de Naddnéprovka.

En regardant bien, on pouvait distinguer la silhouette de celui qui menait la barque. Oui, on voyait jusqu'à son bonnet de peau de mouton.

Mais sans pouvoir même distinguer les formes de cet homme, on pouvait affirmer qu'il avait le bras ferme et habile.

Ce bras maniait la rame comme un joujou. La barque filait telle qu'un petit duvet emporté par le vent.

« Il est temps de descendre sur le rivage, Maroussia, » dit le grand ami.

Sans s'amuser à chercher le chemin le plus commode, — du reste, on n'eût même pas trouvé un sentier dans ce lieu sauvage, — ils descendirent rapidement, tournèrent une grande roche qui avait l'air d'une gigantesque barbe verte frisée, tant elle était recouverte de lierre et de mousses, et se trouvèrent enfin sur le rivage, tout près du fleuve. Les vagues mouillaient doucement les plantes du bord et y laissaient une petite frange d'écume blanche.

« J'espère que je vous retrouve en bonne santé et toujours agréables à Dieu ! » dit une voie bien connue.

La barque légère était déjà sur le sable du rivage, et près de la barque, appuyant son menton sur la rame, se tenait le bonhomme de fermier, le vieux Knich.

« Santé et chance ! lui répondit le grand ami.

— Comment ça va, fillette? demanda Knich en fixant sur Maroussia ses yeux de faucon.

— Très-bien ! lui répondit Maroussia. Et Tarass ?

— Tarass n'a pas oublié Maroussia. »

Du reste, si Maroussia ne lui eût point répondu, il aurait pu très-bien deviner sa réponse rien qu'en la regardant : chaque fibre de sa figure annonçait que ses fatigues étaient oubliées.

Mais le fermier, ne se contentant pas du témoignage que lui présentait la figure heureuse de l'enfant, interrogea du regard le grand ami.

« Elle va bien, ma petite compagne, dit-il, très-bien. Vous pourrez en rendre bon compte à ceux qui me l'ont confiée. C'est un petit lion doux comme une colombe. »

Et sa main caressait l'enfant.

« Mon Tarass n'est pas encore un lion, répondit Knich, encore moins une colombe. C'est un petit diable. Je ne puis pas lui apprendre à se taire.

— Patience, patience, dit le grand ami; nos enfants en sauront plus long que nous un jour. Allons, Maroussia, te voilà rassurée sur les tiens.

— Ah! dit Knich en apercevant la couronne sur la tête de l'enfant. La petite couronne avait déjà dû lui parler. Les mains de ta mère l'ont tressée, ma mignonne...

— Bon Knich, dit la petite fille, que de douces choses, la couronne et toi, vous me dites!

— Allons, allons, dit le grand ami, le calme est descendu sur l'étendue des eaux; pas un souffle d'air, une promenade en barque serait fort de mon goût. »

Il avait à peine parlé, qu'un cri de mouette, pareil à ceux qu'on avait entendus déjà, partit du milieu même des brousailles grisonnantes qui formaient la barbe du bonhomme de fermier.

Un cri semblable lui répondit du rivage.

« Ah! dit Tchetchevik, tu vois, Maroussia, c'est le mari qui répond.

— Je comprends, je comprends, dit la fillette, les mouettes sur le bord de ces eaux sont très-fines, bien que toutes ne soient pas ailées. »

Knich avait poussé sa barque sur l'eau.

« Prends place ici, fillette, » dit-il en tendant le bras à Maroussia. Quand elle fut assise, le grand ami sauta dans la barque avec tant de légèreté que la barque ne fit presque pas de mouvement. Il s'empara de la seconde rame, et la barque glissa avec rapidité sur les ondes sombres, entre les rives confuses du Dniéper.

XVI

SUR L'EAU

Une fois en pleine eau :

« Quelles nouvelles de l'autre ataman? demanda Tchetchevik.

— Tout ira mieux quand tu auras passé par là, répondit le fermier. La fortune donne aux fous, Dieu ne donne qu'aux sages. On rôtit les poulets, on plume les oies, on fait bombance. Bref, il y a trop d'étrangers, trop de luxe, trop de dépenses. On ne déchiffre pas facilement les idées du maître de la maison, sais-tu? Il n'en a pas peut-être...

— Ce serait le pis, répondit le grand ami. C'est le sort de ceux qui appartiennent à tous; ils ne s'appartiennent pas à eux-mêmes.

— Mais le tien, celui que tu as vu? dit Knich.

— Celui-là, répondit Tchetchevik, celui-là est un homme, et si tous étaient comme lui, rien ne serait perdu. Le jour où son âme paraîtra devant Dieu, nul ne pourra dire qu'elle habitait sur la terre un tronc de bois pourri. Il a ses travers, bien sûr, — il n'est pas parfait, — mais il aime son pays plus que sa vie, plus que son orgueil même. Il a consenti à tout, oui, même à s'effacer devant la brute de là-bas, et c'est beau cela! car une tête haute et fière, cela n'est pas fait pour plier. Enfin, c'est fait. Il a écrit. Par exemple, sa plume grinçait sur le papier comme l'écorce de bouleau sur un tas de charbon ardent.

— Ma foi! dit Knich, ça se comprend. Cela a dû lui coûter.

— Il le fallait, dit l'impassible Tchetchevik.

— Alors, reprit Knich, nous pouvons dire que, grâce à Dieu et à toi, la moitié de la besogne est faite; reste l'autre ataman, l'ataman resté seul! Celui-là excelle à tourner dans un rond.

— Nous ferons le manége avec lui, » dit Tchetchevik.

Quittant Knich tout à coup, le grand ami jeta au fond de la barque un manteau épais et, s'emparant de Maroussia, malgré sa résistance, il la coucha doucement sur le manteau.

« J'oubliais de faire dormir mon enfant, dit-il.

— Je ne veux pas dormir, dit la petite fille.

— Ne dors pas, mais reste couchée, dit le grand ami d'une voix ferme. Je te conterai des histoires tout à l'heure. »

Au lieu de dormir au fond de son bateau, Maroussia, à demi soulevée sur son coude, regardait. Quels yeux que les siens pour tout voir avant tous les autres !

« Là-bas, de ce côté, dit-elle en étendant le bras, ne vois-tu rien ?

— L'enfant a raison, dit Knich, c'est là qu'ils sont.

— Silence ! » dit le grand ami.

La barque vola sous les efforts redoublés des deux rameurs, et bientôt Maroussia put reconnaître, malgré la distance, dans les deux hommes qu'elle avait signalés en deçà d'un petit promontoire, ses anciennes connaissances, ceux-là mêmes qu'elle avait vus chez son père, frappés et garrottés par les soldats : Semène Vorochilo et Andry Krouk. Dieu soit loué ! ils avaient donc pu échapper.

La barque bientôt aborda. Les Cosaques ôtèrent leur bonnet aux arrivants et dirent :

« Bonne chance et santé !

— Bonne chance et santé! répondirent le grand ami et le vieux Knich.

— Maroussia, dit Andry Krouk en tirant un paquet de son sein, voici ce que ta mère t'envoie.

— Béni soit ce qui vient de ma mère! dit la petite fille en baisant pieusement le paquet. Vont-ils tous bien?

— Tous, les petits et les grands.

— Et, dit Maroussia, un peu honteuse de la question qu'elle allait faire, et les cerisiers? et le jardin?

— Quelle ménagère! dit Andry. Il va bien, ton jardin, et tes cerises, si Dieu le veut, mûriront au temps chaud.

— Je pensais aux cerises pour les petits frères, dit l'enfant.

— Quelles nouvelles m'apportez-vous, dit Tchetchevik, en échange de celles que je vous ai envoyées?

— Beaucoup sont contents, répondit Vorochilo. Ceux-là seront prêts et le sont déjà, mais d'autres....

— D'autres, dit Andy Krouk en l'interrompant, d'autres sont inquiets. Ils trouvent que tu vas bien vite, et je crois qu'ils ont raison. »

Maroussia, par discrétion, s'était éloignée un peu pour les laisser parler plus à leur aise.

Son grand ami la rappela, et, au grand étonnement des trois Cosaques, lui dit :

« Je t'avais dans la barque promis une histoire. Chose promise, chose due. Si tu comprends mon histoire, ces hommes la comprendront bien aussi. Andry Krouk, tu la rediras à ceux qui trouvent que je vais trop vite. »

Et il commença ainsi son histoire :

HISTOIRE DE L'ÉCREVISSE.

« Il y avait une fois une écrevisse, une écrevisse belle comme le jour. Elle était bonne, assez intelligente pour une écrevisse, et courageuse. Elle vivait tranquille dans son petit trou; mais voilà qu'un jour elle entendit, de tous les côtés à la fois, des cris et des gémissements. Il paraît que l'eau avait baissé, baissé à un tel point que tout ce qui vit dans l'eau commençait à perdre la tête. Elle s'était bien aperçue, depuis longtemps, que l'eau devenait rare; mais elle avait fait comme les autres, elle avait espéré que cela s'arrangerait tout seul.

« Devant tant de lamentations, l'écrevisse se dit que cela méritait réflexion. Elle devint très-pensive, et en arriva à cette conclusion qu'il serait vraiment bien utile que quelqu'un se dévouât pour aller chercher de l'eau. A qui confier une mission de cette importance ?

« L'écrevisse tint conseil, mais elle ne put arrêter son choix sur personne.

« Au fond, elle n'avait confiance qu'en elle-même. Celui-ci ne connaissait pas assez le chemin, celui-là s'amuserait en route, cet autre commettrait mille imprudences. Les opinions de la plupart étaient peut-être un peu avancées. Le caractère de Pierre n'était pas sûr, et Paul était bien faible pour supporter la fatigue d'un si grand voyage, car l'eau était très-loin.

« — J'irai moi-même, » se dit-elle à la fin.

« Elle s'empare de la cruche et se met en route, escortée pendant quelques pas par les acclamations chaleureuses de tous ceux qui aimaient mieux voir travailler les autres que travailler eux-mêmes.

« — Quelle écrevisse! criait-on de tous les côtés; « quelle énergie! Si elle se dépêche un peu, nous « serons sauvés. » Les grenouilles pleurèrent d'attendrissement et les crapauds se pâmaient d'aise.

« Voilà mon écrevisse en route; elle ne perd pas une minute, va droit son chemin, marche, marche, marche sans même prendre son temps pour respirer.

« Mais peu à peu la fatigue se fait sentir, et l'indignation commence à gronder dans son sein.

« — Suis-je folle de courir ainsi? se dit-elle. « Je file comme une flèche, cela n'a pas le sens com- « mun. Soyons raisonnable, marchons sagement. »

« Reprenant alors son allure ordinaire, elle se remit à marcher comme toujours, à pas comptés. Elle mit sept ans à aller chercher son eau et dix à revenir à son point de départ. Cela n'est pour étonner personne; une cruche pleine est autrement lourde et difficile à porter qu'une cruche vide.

« Arrivée au seuil de sa demeure, elle avait encore une sorte de petit escalier de quatre marches à monter. C'était là qu'autrefois les bateaux abordaient. Elle monta ces quatre marches, mais non sans peine. Avec une cruche, ça n'est pas commode.

« Une fois là, elle se retourna et jeta un regard sur l'étang, sur les ruisseaux qui y affluaient : tout cela était à sec. Une fourmi n'aurait pas trouvé à dix lieues à la ronde de quoi étancher sa soif.

« — Il était grand temps que j'arrivasse, se dit-
« elle, grand temps! Mais où sont donc ceux qui m'ac-
« clamaient au départ? Quel drôle d'accueil qu'un tel
« silence, après un tel dévouement! »

« Une vieille pie curieuse était perchée sur un arbre à demi desséché, lui aussi. Elle regardait faire l'écrevisse et l'écoutait s'étonner.

« — Ne leur en veuillez pas, lui dit-elle, s'ils ne
« crient pas : Vive l'héroïque écrevisse! Ce n'est pas
« leur faute, ils sont tous morts. Voyez leurs coquilles,
« leurs arêtes, leurs carapaces! D'eux, c'est tout ce
« qui reste.... Savez-vous, ma mie, que vous avez
« mis dix-sept ans à leur apporter de l'eau qu'il leur
« aurait fallu recevoir à la minute? »

« La pauvre écrevisse fut si saisie, en vérifiant d'un regard l'exactitude des paroles de la pie, qu'en voulant lever les pattes au ciel, en signe de désespoir, elle oublia la cruche qu'elle portait et la laissa choir. La cruche se brisa en mille morceaux, la terre aride but en un clin d'œil l'eau qu'elle contenait, et le lendemain, à son tour, l'écrevisse était morte. »

Comprends-tu, Andry Krouk? Et tes amis, qui trouvent que j'ai été trop vite, seront-ils d'avis, quand tu leur auras raconté mon histoire, qu'ils auraient mieux fait, au lieu de me choisir pour messager, d'envoyer à ma place une écrevisse? »

Andry Krouk se grattait l'oreille et baissait le nez.

Vorochilo lui tapa sur l'épaule :

« Réveille-toi, lui dit-il, et allons réveiller les autres. Tchetchevik a cent fois raison. »

Se tournant alors vers l'envoyé :

« Au jour convenu, lui dit-il, toute l'Ukraine sera sur pied; les femmes et les enfants s'en mêleront, s'il le faut.

— Andry, dit Maroussia, n'oublie pas l'histoire de l'écrevisse.

— Elle avait compris avant moi, dit Andry en l'embrassant. Tu es bien la fille de ta mère, ma mignonne. »

Le vieux Knich était déjà remonté dans la barque. Il aida Maroussia à s'y placer, et le grand ami y sauta avec la légèreté d'un oiseau.

La petite barque, repoussée du rivage, glissa de nouveau sur les ondes sombres du Dniéper, et le promontoire sablonneux, les formes indécises des deux hommes qu'ils y laissaient, disparurent bientôt dans les brumes.

XVI

ON EUT DIT UN CHEVAL AILÉ.

Au bord du fleuve, en débarquant, Knich montra à Tchetchevik un beau et vigoureux cheval noir :

« Prends Maroussia en croupe, dit-il à Tchetchevik ; galope toute la nuit. Au jour, tu laisseras le cheval ; il retrouvera tout seul le chemin de la ferme de Samousse. »

Le rapsode sauta sur le cheval ; Maroussia mit le pied sur le bout de sa botte, et en un instant elle fut installée derrière son grand ami. Ses bras se serrèrent autour de lui comme la liane autour du chêne. Le cheval partit au galop ; c'est à peine si l'on entendait le bruit de ses sabots : on eût dit un cheval ailé.

XVII

A GADIATCH

Deux jours après la promenade sur le Dniéper, que nous avons décrite dans le précédent chapitre, c'était un dimanche, et les grosses cloches de la ville de Gadiatch, résidence de l'ataman protégé par Sa Majesté le tsar de Russie, carillonnèrent à toute volée en invitant les fidèles aux matines.

Il faisait à peine jour, et la ville de Gadiatch, avec

toutes ses ruelles étroites et tortueuses, ses bâtiments bas et ses jardins touffus, paraissait être voilée de mousseline à demi transparente. Les personnes qui se pressaient de tous côtés et se dirigeaient vers la cathédrale semblaient être enveloppées d'ombre.

Pourtant, malgré le crépuscule, il était facile de reconnaître, à leur démarche aisée, à leurs manières un peu décidées, que la plupart de ces personnes étaient des militaires.

La veille, il avait beaucoup plu, et l'air tiède était d'une fraîcheur délicieuse. Tout était calme dans la nature, tout était silencieux encore parmi les habitants; si calme et si silencieux, qu'on entendait le bruit des pas dans les rues humides; le pied imprudent qui s'engageait tout à coup dans une mare faisait un clac-clac sonore; on eût pu compter les gouttes de rosée qui tombaient du feuillage.

La vieille cathédrale avait l'air d'être entourée d'un jardin. On y voyait fleurir l'aubier, l'églantier, le sureau, les rosiers, les acacias blancs, jaunes et roses; on y voyait des pommiers, des poiriers, des pruniers et des cerisiers qui promettaient une grande abondance de fruits. Le sol était couvert d'une verdure veloutée jonchée de toute espèce de fleurs.

Une foule assez considérable de fidèles était rassemblée près de la cathédrale, et en attendant l'heure de l'office chacun causait à mi-voix de choses et d'autres.

Le vieux musicien ambulant, que le lecteur connaît déjà, se trouvait aussi dans cette foule, accompagné, comme toujours, de sa petite amie qui regardait respectueusement la maison de Dieu.

Il s'était assis sur une marche du perron de l'église, comme un homme accablé de fatigue, et, d'une voix lente et grave, il racontait à un nombreux auditoire qui l'entourait par quelles épreuves doivent passer les âmes des trépassés avant d'atteindre le céleste séjour. « C'est sur la terre, par des efforts constants, qu'il faut mériter le ciel, » dit-il en finissant.

Après avoir fini son récit par un soupir auquel répondirent les soupirs de la plupart des assistants, le vieux musicien semblait être tout à coup tombé dans une rêverie profonde, ainsi qu'il arrive souvent aux êtres pieux qui oublient la terre pour le ciel, et ses yeux pensifs erraient sans objet sur les lieux environnants qui commençaient à sortir de l'ombre.

Le silence qui s'était établi fut interrompu par l'arrivée de deux jeunes Cosaques. Ceux-ci se faisaient remarquer par leurs moustaches prodigieusement longues, par leur taille admirablement bien prise et flexible, et par une élégance particulière à ceux qui visitent souvent les nobles assemblées et figurent dans les grandes réceptions.

« Bonjour, bonjour, disaient les jeunes Cosaques; et ils ôtaient, puis remettaient leurs bonnets avec tant de grâce, qu'on aurait pu penser qu'ils ne s'occupaient jamais d'autre chose que de faire des saluts.

— Notre ataman arrivera-t-il? demandèrent en chœur plusieurs voix.

— Il arrivera, » répondirent les Cosaques.

Ces paroles, prononcées par deux voix claires et sonores, semblèrent tirer le rapsode de sa pieuse méditation, et, abandonnant avec un regret visible le monde meilleur où l'avait porté son rêve, il crut pourtant de son devoir de redescendre ici-bas et de s'occuper de ce qui allait occuper la foule.

« Mes pauvres yeux, dit-il, pourront donc enfin admirer notre ataman!

— Et la dame de l'ataman arrivera-t-elle aussi? demanda une jeune femme alerte, petite, ronde comme une boule.

— La dame arrivera aussi, répondirent les Cosaques.

— Et la belle-sœur?

— Il est à croire que la belle-sœur viendra aussi.

— Quelle belle-sœur? demanda le vieux musicien.

— Mais la femme du beau-frère de notre ataman, lui répondirent plusieurs voix, Méphodiévna.

— Méphodiévna? répéta le vieux rapsode. Chez nous on n'en entend jamais parler. Est-ce qu'elle jouit de la faveur de notre ataman et de sa dame?

— Je crois bien! je crois bien! répondirent plusieurs personnes. Elle n'a qu'à remuer un doigt, et tout se fait à sa volonté!

— Ah! elle jouit donc d'une très-grande faveur? C'est certainement un grand bonheur pour elle!

— Faveur! s'écria d'un air courroucé un vieillard dont les yeux, sous des sourcils en broussailles et grisonnants, jetaient des flammes, comme deux fenêtres bien éclairées illuminent le dessous d'un toit de chaume. Faveur! un tel mot est-il fait pour s'appliquer à une telle femme? Méphodiévna, sachez-le, est de trempe à ne se soucier des faveurs de qui que ce soit. Un regard jeté sur elle suffira à vous le faire comprendre. Elle est droite comme une flèche, et on s'aperçoit aisément qu'elle n'a jamais courbé la tête devant personne.

— Elle est donc bien fière, demanda le vieux musicien, et par suite bien difficile à approcher? C'est de l'orgueil, alors! »

Et il ajouta d'un ton sentencieux :

« L'orgueilleux n'est qu'une bulle de savon : il ne s'enfle que pour crever.

— Mais que dites-vous là, vieillard? s'écria une femme âgée, à figure respectable, dont les yeux brillaient d'indignation. Que dites-vous là? C'est de l'honneur de la cité et du pays que vous parlez. Méphodiévna est une flamme bienfaisante, une lampe dans nos ténèbres.

— Pour être si brillante, repartit l'entêté musicien, il faut donc qu'elle ne marche qu'étincelante de diamants, couverte de pierreries, vêtue d'or?

— Vous n'y êtes pas, s'écria quelqu'un de la foule. Elle est vêtue si simplement que, sans ses yeux de diamant noir, on la prendrait pour une autre.

— Elle s'habille comme une simple bourgeoise, dit un jeune Cosaque; elle ne fait pas la grande dame, et elle est partout où elle peut faire le bien sans être aperçue.

— Pardon! dit le rapsode, j'ai, je le vois, blasphémé votre sainte, mais elle n'y a rien perdu. Je vous ai donné, du moins, l'occasion de lui rendre hommage. Pourriez-vous me dire, jeune homme, quels sont ces beaux seigneurs richement vêtus qu'on rencontre partout dans la ville? seraient-ils des saints, eux aussi?

— Des saints! Ah! non, par exemple! mais ce sont des altesses, des princes moscovites. Ne le devinez-vous pas à leur allure imposante, à leurs yeux qui ne s'ouvrent qu'à demi, à leurs nez dédaigneux plus hauts que leur tête? Ce sont les hôtes de notre ataman. Il y a huit jours, la maison en était pleine, les amis de l'Ukraine s'en inquiétaient. Mais, grâce à Dieu et à l'influence de Méphodiévna sur sa sœur et sur l'ataman son beau-frère, bon nombre, dit-on, déjà sont partis.

— Partis! et pourquoi? qui gênaient-ils, ces hommes superbes?

— Eh! eh! demandez-le à Méphodiévna; elle trouve peut-être que le moment n'est pas bien choisi, quand la moitié de l'Ukraine est envahie par les bataillons russes, pour recevoir tant de beaux messieurs. Cela distrait trop notre ataman.

— Pour dire le vrai, dit un nouvel interlocuteur, on s'amuse moins au palais depuis huit jours. L'ataman ne retient plus ses hôtes. Il paraît gêné avec eux, et l'on dit que bientôt il n'en restera guère dans le pays. »

Maroussia serra doucement la main de son grand ami. Sa main répondit sans doute à la sienne; le visage de l'enfant rayonna. Il se fit tout à coup un grand silence. On venait d'apercevoir, descendant lentement la rue, le père Mikaïl se dirigeant vers la porte de l'église. Ceux qui étaient assis se levèrent. Ceux qui étaient debout se dressèrent sur la pointe de leurs pieds.

Le père Mikaïl présentait, dans toute sa personne, le type idéal du bon pasteur. Ses paroissiens adoraient leur archirey. C'était à qui serait sur son passage pour recevoir sa bénédiction. On voyait dans toute son attitude que ses bénédictions, sa main seule ne les donnait pas, qu'elles partaient du meilleur de son cœur.

Le rapsode s'approcha à son tour, mettant en avant Maroussia :

« Bénissez-nous, mon père, bénissez cette enfant. Nous venons de bien loin pour prier Dieu dans votre église. »

Le bon père jeta un regard bienveillant sur le vieillard et sur l'enfant.

« Mon père, dit le chantre, j'ai compris que le plus grand feu ne peut que s'éteindre au milieu du désert, tandis que le bois humide lui-même pétille et flambe quand il tombe au milieu du foyer ; et j'ai fui le désert par le besoin de voir et de retrouver des hommes. »

Le père Mikaïl, en entendant ces mots, tressaillit. Ses yeux limpides et doux se fixèrent sur le vieux pèlerin avec une attention particulière.

Il inclina sa tête en signe d'adhésion aux paroles du vieillard et lui dit :

« Si tu viens de loin, mon frère, si tu as traversé tout le pays, tu as dû voir bien des douleurs et traverser bien des dangers. Les chemins ne sont pas sûrs...

— Celui qui est nu, répondit le rapsode, n'a pas peur qu'on lui vole sa chemise. Celui qui n'a que sa vie à perdre ne tente guère les voleurs, et celui qui n'a pas peur de la mort peut aller partout. »

Le bon pasteur tressaillit de nouveau.

— Nos blés sont-ils sur pied ? » demanda-t-il au rapsode.

Le père Mikaïl fit cette question avec lenteur, appuyant sur chacun des mots de sa question, pourtant si simple.

« Nos blés, répondit le chantre, dans quelques contrées sont déjà couchés par terre, et ce ne sont pas toujours les propriétaires qui les ont fauchés.

Quant aux autres, et je parle de ceux des meilleures terres et des mieux préparées, vraiment, quoiqu'ils ne soient pas partout tout à fait mûrs encore, je crois qu'il serait sage de ne pas attendre pour en faire la récolte. Qui peut prévoir les orages de demain? Ceux qui sont mûrs sont superbes, mon père !

— Que Dieu t'entende, mon fils ! répondit avec calme le vénérable prêtre ; je te remercie de la bonne nouvelle que tu m'apportes.

— Notre ataman ! notre ataman ! » s'écria-t-on alors de tous côtés.

Le père Mikaïl entra dans l'église.

« Notre ataman n'a pas l'air très gai aujourd'hui, disait un artisan dans la foule.

— Vous pourriez dire qu'il a l'air maussade, disait un bourgeois.

— Je l'ai rencontré avant-hier, chuchotait une petite femme très-éveillée : il avait l'air d'un gros nuage noir. »

L'arrivée de deux nouveaux personnages interrompit la petite femme.

« C'est la belle-sœur de notre ataman, se dit-on de tous côtés.

— Méphodiévna, » dit au vieux musicien un de ses voisins en lui poussant le coude.

On ne lui aurait rien dit qu'il l'aurait deviné. Ce qu'on lui avait appris d'elle n'avait rien d'exagéré, l'original répondait aux portraits.

Elle allait passer tout près de Maroussia, elle arrivait à la dernière marche. La petite fille osa la retenir par la manche de sa chemise brodée.

« Madame, lui dit-elle, vous avez laissé tomber ce mouchoir, » et elle lui présentait un mouchoir rouge.

La jeune femme s'arrêta, regarda le mouchoir rouge, puis la petite qui le lui présentait, et répondit :

« Merci ! ma jolie enfant, j'aurais été fâchée de le perdre. »

Personne, je crois, si ce n'est Maroussia, n'avait vu tomber ce mouchoir.

Les grands yeux de l'aimable femme enveloppèrent l'enfant dans leur profond regard et allèrent, avec intérêt, d'elle au vieux musicien. « Tu n'es pas des environs, dit-elle à l'enfant, je ne t'ai jamais vue ; viens-tu de loin, ma mignonne ?

— De bien loin, lui répondit Maroussia.

— Je comprends alors pourquoi tu as l'air fatigué. De quel point de l'Ukraine viens-tu donc ?

— Cette petite tête ne saura jamais retenir tous les noms des lieux qu'elle a visités, dit le vieux chanteur. Nous avons vu bien des choses et bien des gens, madame, du bon et du mauvais, des champs dévastés par les batailles et des blés, dernier espoir de l'Ukraine, encore sur pied. Mais, grâce à Dieu ! nous avons trouvé notre chemin ; comme on dit chez nous :

XVII

MERCI, MA JOLIE ENFANT.

quoique l'attelage soit de travers, la voiture va droit au marché.

— Mes amis, répondit la gracieuse femme, venez tantôt vous présenter au grand ataman. A moi vous raconterez votre voyage; à lui vous chanterez vos chansons. Chacun ainsi sera servi suivant ses goûts. »

Elle donna de la main, en guise de caresse, une petite tape sur la joue de Maroussia, et disparut dans la foule qui remplissait l'église.

On entendait déjà la voix du père Mikaïl qui commençait l'office.

XVIII

NE JOUEZ PAS AVEC LES POIGNARDS

L'office était fini. Le grand ataman était rentré dans son palais. La chaleur était accablante, le soleil aveuglait par sa lumière. Le ciel se perdait dans les profondeurs de son azur.

Cependant quelques nuages noirs, venant de l'ouest, se montraient à l'horizon.

« Nous aurons un grand orage ce soir, » dit le grand ataman.

Le grand ataman se trouvait sur une terrasse qui tournait de la cour au jardin; il prononça ces mots avec une telle inquiétude, qu'un seigneur russe, son dernier hôte, homme mûr à la barbe blonde, ne put se retenir de lui en témoigner sa surprise.

« Tout chrétien doit frémir, répondit l'ataman en se signant, quand Dieu donne sa voix au tonnerre.

— Dieu, répondit le seigneur russe, nous fera sortir sains et saufs de ces orages et de tous autres. J'avoue cependant que les nuages noirs ont l'air menaçant.

— Très-menaçant, en effet », répondit l'ataman.

Ils s'avançaient avec la rapidité des navires que chasse la tempête.

Le grand ataman pressait son front de sa main, comme s'il y sentait une souffrance indicible.

La présence de son hôte, l'examen dont il se sentait l'objet de sa part, le gênaient. S'il allait lire dans ses pensées.... Hélas! hélas! qu'y verrait-il? Confusion, indécision, regrets amers.

Que faire? que décider? Pourquoi Dieu l'avait-il fait le chef de son peuple dans des conjonctures si difficiles? Comment échapper aux serres de l'aigle russe? et s'il fallait subir cet affront, devait-il, en montrant qu'il le subissait avec horreur, perdre jusqu'aux fruits de sa faiblesse et de sa trahison? L'élégant envoyé russe lisait comme dans un livre sur le visage du massif ataman. Le renard jouait avec l'éléphant.

Tout à coup le regard voilé de l'ataman s'éclaira comme celui de l'enfant boudeur qui découvre un jouet nouveau à ses pieds. Il venait d'apercevoir, montant l'allée qui aboutissait à la terrasse, une sorte de mendiant accompagné d'une petite fille. Ce mendiant avait un théorbe. C'était un rapsode. La distraction arrivait à point pour ce caractère apathique.

« Ces gens-là savent des chansons, dit-il en s'adressant à son surveillant, à son hôte, que je préfère à tous nos concerts. »

Il fit un signe à un Cosaque et lui donna l'ordre de laisser approcher le vieux chantre et sa petite compagne.

« Le grand ataman daignera-t-il m'entendre ? » dit le vieillard, accompagnant sa requête d'un regard tellement respectueux qu'il valait le plus humble salut.

La bonté du grand ataman alla jusqu'à montrer, de sa main blanche et potelée, la place à l'angle de la terrasse où pouvait s'asseoir le musicien.

« Là, lui dit-il d'une voix dolente, le soleil ne t'incommodera pas. »

Le seigneur russe, observateur de sa nature, remarqua que l'épaule du vieux chanteur semblait bien forte et bien robuste, et s'étonna que la chemise grossière qui la recouvrait fût blanche comme la neige. Il aurait voulu voir la figure, mais le grand ataman était dans un grand jour de bonté et avait dit au vieillard :

« Tu peux garder ton bonnet, mon vieux. »

Le musicien, après avoir préludé, se mit à chanter.

Quelle puissante et douce voix il avait, et quel talent !

L'ataman, artiste à ses heures, s'en trouva réveillé. Le chant était beau. C'était une de ces hymnes chrétiennes qui remettent l'homme et son âme en présence du Créateur. Attirées par ce chant magnifique, la femme du grand ataman et sa belle-sœur se montrèrent à l'extrémité de la terrasse, tout près du vieux rapsode.

Méphodiévna reconnut la petite fille qui lui avait remis le mouchoir rouge, et qu'elle avait engagée à se présenter au château.

Accoudée sur une grande caisse dans laquelle fleurissait un arbuste rare, elle fit signe à Maroussia de venir à elle. Si haute était la caisse et si petite l'enfant qu'elle la cachait entièrement à l'ataman, et même au seigneur russe.

L'enfant tira de sa manche un poignard et le glissa dans la poche de la robe de la belle-sœur.

La belle-sœur vit-elle ce mouvement ? Sa figure n'en montra rien. Ses grands yeux perdus dans l'espace étaient tout à la musique.

Maroussia avait repris sa place auprès de son grand ami, sans que personne se fût aperçu qu'elle l'avait quittée un instant.

Le rapsode chantait toujours :

« Le Paradis est pour les justes... pour eux seuls.

— Pour eux seuls.... murmura le grand ataman.

— Les oppresseurs, les vainqueurs y verront entrer leurs esclaves, mais l'ange au glaive de feu leur en interdira l'entrée. »

Le seigneur russe en avait assez de cette musique. Il fit semblant de cacher un bâillement.

« Voilà, dit le grand ataman, des choses qu'il ne faudrait jamais oublier.

— Connais-tu la chanson du bandit? cria le seigneur russe au musicien. Chante-la-nous, vieux bonhomme.

— A mon grand regret, Excellence, je ne la connais pas, répondit le bonhomme.

— Tant pis ! dit l'aimable seigneur : elle aurait amusé ces dames. Les dames ont du goût pour les coquins illustres. »

Méphodiévna, de si loin qu'elle fût, jeta un regard si fier sur l'envoyé courtisan, que celui-ci baissa les yeux, et qu'une rougeur fugitive colora un instant son visage.

« Ton théorbe est bien curieux, dit le seigneur russe au rapsode pour changer la conversation. Ce n'est pas un instrument ordinaire. T'en doutes-tu?

Eh bien, tâche d'apprendre la chanson du bandit : une belle poésie ! Tu as vraiment là un fort joli théorbe ! Je voudrais l'admirer de plus près. Passe-le-moi, mon vieux.

— Le voici, Votre Excellence, répondit le vieux chanteur en lui présentant l'instrument en question. Regardez-le bien, examinez-le, et vous verrez que c'est un vrai trésor. »

Le seigneur russe tira, en riant beaucoup, quelques sons discordants de l'instrument primitif, s'assit sur une marche de la terrasse un peu au-dessus du vieux musicien, et répéta encore :

« Un fort joli théorbe, ma foi ! »

Tout en admirant le théorbe, le seigneur russe ne le regardait guère ; en revanche il observait, sans le faire paraître, le propriétaire du fameux instrument. Mais le propriétaire du théorbe, quoique homme excessivement modeste, à en juger par les apparences, ne se montrait pas gêné par ces regards indiscrets, pas le moins du monde !

Avec tout le respect dû à un personnage haut placé, mais sans embarras, sans se déconcerter, il expliquait à Son Excellence le mécanisme du théorbe. On eût même dit que ces explications, au lieu de le rendre confus ou timide, l'amusaient beaucoup.

« Sais-tu que cet objet d'art, si tu le vendais, te rapporterait de quoi te reposer pour longtemps ?

— Je le sais, répondit le rapsode, mais le bon

musicien ne se sépare pas plus de son théorbe, quand il l'aime, que le cavalier de son cheval. Pour être pauvre, il n'est pas défendu d'avoir le goût des jolies choses. Ma défroque ne vaut pas cher, seigneur, mais on m'a offert de ce théorbe, plus d'une fois, de quoi me vêtir d'habits magnifiques comme les vôtres, et j'ai refusé.

— Il s'entend, se dit le seigneur russe, à faire valoir sa marchandise; c'est pour la vendre plus cher qu'il fait semblant d'en connaître le prix. »

Le mendiant s'était rapproché.

« Puisque vous êtes connaisseur, dit-il, regardez tout à votre aise cet instrument, seigneur. Certes, il serait plus à sa place dans les belles mains de ces riches dames qu'entre les miennes; c'est pourtant dans les miennes qu'il restera.

— Je te vois venir, pensait le seigneur russe; tu es un rusé brocanteur, tu espères me forcer la main, et tu crois que je vais, séance tenante, t'offrir une grosse somme pour pouvoir déposer ton théorbe aux pieds de la belle Méphodiévna. A d'autres, vieux finaud! —Ainsi, dit-il, c'est là ton trésor, ta fortune?

— Ce théorbe, et ceci encore, monseigneur. »

Il tira de son sein un poignard en tout semblable à celui dans le manche duquel nous l'avions vu, chez l'autre ataman, renfermer son précieux message, semblable aussi à celui que Maroussia avait glissé un instant auparavant dans la poche de la belle-sœur de l'ataman, et qui sans doute, si c'était le même, n'y aurait donc fait qu'un court séjour.

« Par ma foi ! dit le seigneur, qui avait la passion des belles armes, voilà un objet véritablement précieux ; » et, tendant la main au vieillard, ses yeux brillants de convoitise lui disaient clairement : « Je veux examiner de près ce merveilleux poignard. »

Le malin vieillard, pour irriter sans doute la passion de son interlocuteur, tournait et retournait son arme, dégaînait, et faisait rentrer sa fine lame dans le fourreau, mais sans la lui mettre dans la main.

« Ce poignard est mon ami, dit-il ; c'est ma défense, c'est mon armée à moi ; lui et moi, quand nous sommes ensemble, nous ne craignons rien ; de plus, il m'est sacré, je le tiens de mon père.

— Laissez-moi donc le toucher, dit le seigneur, je ne l'avalerai pas.

— Ce serait malsain, seigneur, même pour une jeune et robuste poitrine comme la vôtre. »

Et, cédant enfin à son envie, il le lui confia.

Le grand ataman, que cette petite scène avait distrait un instant, était retombé dans son apathie. Il en sortit comme par un sursaut. Une large goutte d'eau, de celles qui annoncent les averses diluviennes, était tombée sur sa main. Les grondements du tonnerre, sourds d'abord, s'étaient rapprochés ; l'orage accourait, faisant des enjambées de géant. Le ciel était devenu en un instant sombre comme la nuit même.

« Rendez son poignard à cet homme, dit-il à son hôte, et rentrons.

— Quelle lame ! » disait avec admiration le grand seigneur ; et l'agitant dans sa main, il la faisait reluire à la lueur des éclairs.

« Je veux ce poignard, dit-il enfin d'une voix impérieuse au vieillard. Fais ton prix, vends-le moi ! »

Son ton n'était pas celui d'un acheteur, mais d'un homme qui peut prendre et qui va prendre ce qu'il se croit bien bon de consentir à acheter. C'était un ordre, et comme le vieillard cependant se taisait, le fantasque seigneur ajouta :

« Vends-le moi ; l'argent remplace tout.

— Tout ! répondit le vieil Ukrainien d'une voix qui s'efforçait de rester calme. Quoi ! même l'honneur ! même la liberté !

— Eh ! oui ! s'écria le noble seigneur, même ce que tu appelles l'honneur et ce que vous appelez, vous autres, la liberté ! »

Regardant alors en face le faux vieillard et répondant sans vergogne à la pensée que la question du prétendu musicien venait de lui dévoiler :

« Si l'Ukraine, sous la main des Russes, devient riche, elle ne se souviendra pas longtemps qu'elle a été fière et libre. »

Au moment où il prononçait cette parole impie, le ciel se fendit sous les éclats d'un tel coup de tonnerre que toutes les personnes qui étaient sur la terrasse, et Méphodiévna elle-même, s'étonnèrent d'être restées debout.

L'ataman, abasourdi, s'était enfui vers son appartement; sa femme, éperdue, l'y suivait. Méphodiévna, hésitante, abandonnait, quoique à regret évidemment, la terrasse à ce splendide orage.

Mais pourquoi Maroussia, restée debout à côté de son grand ami, semblait-elle changée en statue? Pourquoi cette pâleur subite sur le visage de Tchetchevik lui-même?

« Méphodiévna!... » cria-t-il en étendant la main vers la belle-sœur de l'ataman.

Il y avait comme une adjuration suprême dans le geste, et comme un commandement dans la voix subitement rajeunie du vieux rapsode.

La jeune femme revint résolûment sur ses pas.

« Regarde, lui dit Tchetchevik, regarde! Il a suffi d'une seconde à la justice de Dieu pour terrasser celui qui, tout à l'heure encore, regardait notre Ukraine tout entière de si haut. »

La jeune femme avait suivi des yeux l'indication que lui donnait le bras tendu de Tchetchevik. Stupéfaite à son tour de ce que, si inopinément, elle avait vu... Méphodiévna avait reculé d'un pas.

Mais, par un retour subit : « Dieu vient de débarrasser l'Ukraine de son plus détestable ennemi, dit-elle d'une voix émue; que sa volonté soit faite sur la terre comme au ciel! »

XVIII

IL A SUFFI D'UNE SECONDE A LA JUSTICE DE DIEU.

Le noble seigneur gisait par terre, foudroyé.

Tchetchevik se baissa ; il retira son poignard de la main crispée du noble seigneur. La lame, agitée par l'imprudent au milieu des éclairs, avait sans doute servi de conducteur à la foudre.

Enlevant alors dans ses robustes bras l'acheteur de poignard qu'il venait de perdre, Tchetchevik, suivi de Méphodiévna et de Maroussia, le porta d'un pas rapide dans les appartements du grand ataman.

Taisons-nous quand c'est Dieu qui frappe...

XIX

L'ANNÉE HEUREUSE

Pendant plus d'une année, l'Ukraine put croire qu'elle allait être à jamais affranchie. Comme un seul homme, tout le pays s'était levé. Les envahisseurs, surpris d'un mouvement si brusque, si général, si spontané, avaient disparu. Chacun avait repris, reconquis son champ, sa cabane, sa ferme ou sa maison. Bien mieux! Chacun avait pu refaire une fois sa moisson. Pied à pied, de lac en rivière, de steppe en forêt, l'ennemi avait dû reculer. L'ataman de Tchiguirine, après avoir défendu héroïquement et sauvé la ville, après avoir fait des prodiges de valeur, était mort, dit-on, mais mort en héros, mort content, en plein triomphe. Un homme inconnu jusque-là, Tchetchevik, le lion, c'est ainsi que d'une commune voix on l'avait bientôt appelé, combattait à ses côtés dans la mêlée corps à corps où il avait succombé. Le lion intrépide avait arraché le corps de son chef, couvert de nobles blessures, à l'ennemi, et repris à sa place la tête du mouvement dans toute la contrée.

Du côté de Gadiatch, l'autre ataman, reconnu comme chef suprême, avait retrouvé son antique vigueur. On avait vu souvent à sa droite, quelquefois en avant, une amazone belle comme le jour, qui ne commandait pas, mais qui apparaissait toujours au plus rude des combats, et dont la présence avait la vertu de relever tous les enthousiasmes, de ranimer tous les courages. Elle était partout, suivie d'une sorte de petit page intrépide qui lui servait de porte-étendard, et qui, monté sur un cheval noir plein de feu, agitait son drapeau d'une main vaillante, au milieu des balles, sans souci du danger. Les soldats adoraient ce petit guerrier, il était beau comme un ange. Était-il un ange en effet, ou seulement un enfant, ou, comme quelques-uns le prétendaient, une

XIX

TOUT ÉTAIT VRAI, CAR C'ÉTAIT MAROUSSIA.

simple petite fille de village qu'animait une flamme divine, un courage surhumain, et que rien ne pouvait faire reculer? Il était tout cela à la fois. Tout était vrai, car c'était Maroussia. C'était une Jeanne d'Arc enfant, dans un pays où le nom de Jeanne d'Arc n'avait jamais dû être prononcé qu'à l'état d'accident. Obligé d'être partout à la fois, Tchetchevik l'avait attachée à Méphodiévna. Elles étaient inséparables; qui voyait l'une voyait l'autre. Du reste, toutes les femmes s'en mêlaient, c'était vraiment la guerre sainte. Les Russes eux-mêmes ne pouvaient refuser leur admiration à ce magnifique effort.

Ah! le beau temps! les enfants des enfants de ce temps-là n'en ont rien oublié. Ce dernier élan de toute l'Ukraine, c'est la gloire, même après la défaite. Heureuses les nations petites ou grandes qui ont le droit de chanter leur *Gloria victis!*

L'hiver fut cette année-là d'une rigueur exceptionnelle; les corbeaux et les loups les plus aguerris tombaient morts de froid dans les bois. Plaignez les corbeaux et les loups, mais ne plaignez pas les paysans. L'hiver est leur ami. Pour eux, autour du poêle, l'été règne toujours. D'ailleurs, sous la protection des neiges amoncelées, les cabanes se gardent toutes seules. L'ennemi n'est plus à craindre; il a pris ses quartiers d'hiver dans les villes. On peut enfin soigner ses glorieuses blessures sans les cacher comme des hontes. Il n'est plus besoin de descendre dans la cave pour fourbir et réparer ses armes; on peut, comme à loisir, refaire ses munitions, étirer ses bras, et, après les avoir laissés reposer, détendre ses muscles raidis par des efforts trop continus. De village à village, on peut se reconnaître, se visiter, compter ses pertes. On pleure ses morts chéris, on célèbre leurs hauts faits; et surtout on tâche de calculer ses forces en prévision des luttes futures. Les plans et les préparatifs absorbent les chefs. Où est Tchetchevik? demandez plutôt où il n'est pas? Mais, où il apparaît le plus souvent, — ne fût-ce que pour un instant, pour tout illuminer comme un éclair, — c'est dans une retraite inaccessible, choisie et ménagée par lui à ses deux principaux aides de camp. Ai-je besoin de nommer Méphodiévna et Maroussia? Ce n'est pas là qu'on a le moins besoin de le revoir. Pour des guerriers comme Maroussia et Méphodiévna, l'inaction forcée de l'hiver, ce temps perdu paraît bien long. S'il est des minutes éternelles, ce sont les minutes inutiles.

* *

NOEL

Mais à quoi pense Maroussia depuis quelque temps? Sa tête blonde s'incline sur ses épaules comme un épi trop lourd pour sa tige. Afin de ne pas attrister la grande amie, elle s'efforce en vain de se redresser. Il semble qu'un rêve l'accable qui la sépare de ses amis; elle n'est plus là, ses regards voyagent au loin. Où vont-ils? où voudraient-ils atteindre? et comment expliquer que, même devant Tchetchevik, sa petite amie ait d'involontaires absences? Le cœur d'une fillette est une forêt obscure; il faut de bons yeux pour s'y reconnaître : eh bien, il a de bons yeux, le grand ami.

Celui qui ne s'inquiéterait pas des plus petites souffrances d'autrui serait-il vraiment grand? Ah! croyez-moi, les vrais forts sont toujours les plus doux. Ce matin-là, la tête de Maroussia était plus penchée qu'à l'ordinaire et ses yeux bleus plus errants en face de je ne sais quel infini; le soleil brillait cependant. A voir, de la fenêtre où l'enfant pensif se tenait immobile, la campagne, vêtue de neige tout entière, à la voir étinceler comme un miroir d'argent poli sous l'éclatante lumière du grand astre, il semblait qu'il n'eût dû venir à Maroussia que des pensées claires et joyeuses. Mais non, elle se taisait, et, si elle souffrait, ce qui paraissait bien probable, elle ne voulait rien donner de sa peine à ceux qu'elle aimait.

Le grand ami échangea un regard avec Méphodiévna. Le moment était venu de parler. Mettant le doigt sur l'épaule de Maroussia, il la tira de son rêve et appela son attention sur un traîneau, qui, tout attelé, stationnait au bas de la fenêtre.

« Ne le vois-tu pas, dit-il, ne reconnais-tu pas ton favori Iskra? Il piaffe. Il voudrait déjà être parti!

— Pour t'emporter encore... dit l'enfant très-émue.

— Pour m'emporter, oui, répondit le grand ami. Mais il y aurait à toute force deux places dans ce traîneau, et, si quelqu'un que je sais bien voulait m'accompagner, je ne partirais pas seul.

— Quelqu'un? dit Maroussia, dont le regard s'était fixé sur Méphodiévna; quelqu'un?... » et le surplus de ce regard semblait dire : « Alors, moi, je resterai sans amis? Eh bien, s'il le faut... laissez-moi seule! » Mais cette plainte muette ne s'était même pas traduite par un soupir.

— Il ne s'agit pas de moi, dit en souriant Méphodiévna. Non. Il faut que je demeure, au contraire; et d'ailleurs la seconde place serait trop petite pour une grande personne comme moi.

— Pour bien faire, reprit le grand ami, il me faudrait un tout petit compagnon que je pusse au besoin oublier dans un pli de mes fourrures, mais dont tout de même le petit cœur me tiendrait chaud pendant une course longue et rapide. Il me faudrait un compagnon décidé à faire le même chemin que moi d'une seule traite, qui n'eût pas peur de l'hiver au nez rouge et à qui il pût convenir plus qu'à tout autre d'aller du côté même où je vais, d'aller savoir au juste, par ses oreilles et par ses yeux, ce que deviennent là-bas, là-bas, dans la cabane aux cerisiers,

— tu sais, Maroussia, celle même où nous avons fait connaissance, — un père, une mère, des frères et de petites sœurs qui craignent peut-être que, pour la première fois, une place ne reste vide, à leur table, cette année, pour le repas de Noël. »

Maroussia a compris; un cri sonore est sorti du plus profond de son âme, puis un sanglot; elle se serre contre la poitrine du lion, mais à travers ses larmes brille un sourire, un sourire si plein de reconnaissance à l'adresse de ses deux amis, que leurs yeux en deviennent tout humides à leur tour.

« Ah! Noël, Noël! dans la cabane de mon père! Noël auprès de ma mère, leurs bénédictions une fois encore sur ma tête! Noël avec les petits frères et les petites sœurs tout autour! Ah! tu devines tout, tu as senti que c'était à cela que, malgré moi, je pensais depuis que le jour de la grande fête approche! »

Et de douces larmes inondaient de nouveau son charmant visage.

Les préparatifs furent vite faits; le départ eut lieu à l'instant même. Au premier abord, on ne voyait sur le traîneau qu'un seul homme enveloppé dans sa witchoura et donnant le signal du départ à un vigoureux cheval qui ne demandait qu'à partir; mais sous l'ample fourrure du voyageur, Méphodiévna, de la fenêtre, découvrait deux grands yeux bleus dont les regards attendris montaient jusqu'à elle, et clairement lui criaient : « Merci! »

Quatre jours après, le traîneau était revenu. Maroussia, le cœur rempli des bonheurs qu'elle avait donnés et reçus, Maroussia, bénie par son père et par sa mère, embrassée, mangée de caresses par ses petits frères et ses petites sœurs, fêtée par tous les voisins, par toutes les voisines, honorée par tous les amis de son père et par les inconnus eux-mêmes qui savaient que, toute petite fille qu'elle était encore, elle avait été, entre le Lion et la belle Méphodiévna, un grand serviteur de l'Ukraine, Maroussia avait repris son poste auprès de la grande amie. Elle avait renouvelé dans cette course toutes ses provisions de courage. Le proverbe a bien raison de le dire : La maison paternelle est une coupe pleine pour l'enfant altéré.

ET APRÈS...

Pourquoi ne peut-on en rester là? pourquoi faut-il suivre l'histoire dans ses plus amères réalités? pourquoi est-on obligé de tout dire, d'aller jusqu'au bout et de raconter, après le brillant commencement, la sombre fin?

Le lion Tchetchevik, après avoir tout préparé dans l'ombre, avait pu croire que le soleil d'une seconde année féconderait encore ses succès. Tout le monde le croyait plus que lui. On assurait même qu'il avait été question plus d'une fois, dans les conseils de l'ennemi, d'offrir à ce vaillant entre tous les vaillants, à ce généreux entre tous les généreux, une paix, un arrangement honorable, acceptable et pour l'Ukraine et pour lui-même. On aurait voulu avoir pour amie, pour alliée, cette jeune gloire; on aurait voulu là-bas qu'elle appartînt à la Russie tout entière. Chacun se redisait ses exploits; combien il était beau et terrible au milieu des batailles, mais combien, le combat fini, il était compatissant et doux!

Le récit de sa défense de Gadiatch, prise et reprise trois fois sur l'ennemi, était dans toutes les bouches, elle est encore dans toutes les mémoires; cela ne périra pas. Il ne manque qu'un Homère à ce héros accompli. L'armée qu'il avait combattue le célébrait tout haut; des deux côtés les blessés, les mourants, le nommaient leur père. Chacun l'appelait à son aide. Le lion Tchetchevik, Méphodiévna et l'ange Maroussia, voilà les figures à jamais chéries de l'Ukraine.

Mais, grand Dieu! où en sommes-nous aujourd'hui? Hélas! rappelez-vous les commencements ténébreux, les marches nocturnes, les complots secrets, voilà où nous en sommes! Oui, tout est à recommencer.

Les conseils de la force ont prévalu! L'ennemi puissant a pris son temps. Il est revenu en nombre formidable. Ils savent trop, ils ont appris à leurs dépens ce que c'est que l'Ukraine, ce que vaut le Cosaque, ce que vaut le paysan, pour s'aventurer encore à l'étourdie dans un si fier pays.

De notre côté, tout est remis en question et avec moins de chances. Mais quoi ! l'honneur reste à sauver, et chacun se répète : « Nous le sauverons. La force peut tuer le droit, mais non l'abolir. »

Honte à ceux qui disent : « A quoi bon cette lutte à outrance? » Peut-on abandonner sa mère à l'heure des épreuves? peut-on laisser sa sœur en proie aux ennemis? peut-on fuir sa fiancée, sa femme, ses enfants, sa chaumière et son champ? peut-on livrer la patrie qui contient tout cela à l'envahisseur, tant qu'il vous reste une goutte de sang dans les veines? Non, n'est-ce pas?

« L'affaire serait meilleure, murmure le lâche, et la honte moins coûteuse. » Ah ! qu'ils se taisent, qu'ils se cachent, qu'ils rentrent à jamais sous terre, ces conseillers d'infamie, ceux qui pensent ainsi que le serpent qui rampe : ils sont vils pour leurs vainqueurs eux-mêmes.

Non ! non ! il n'est pas de pire affaire que la honte. Ceux-là seuls ressusciteront au jour du grand jugement, dans le monde meilleur, qui auront bien su mourir dans celui-ci. Et alors même qu'il ne devrait jamais luire, ce jour de la réparation, qu'importe? Il faut laisser de beaux souvenirs : ils sont impérissables, l'histoire les recueille; c'est la richesse des enfants que leurs pères aient tout sacrifié au devoir.

Voilà ce que pense le dernier Ukrainien ; voilà ce que se dira le plus pauvre en Ukraine dans cent ans, dans deux cents ans et dans mille.

Quant aux Russes, ils sont, à l'heure qu'il est, de mon avis. Seriez-vous fier d'avoir dompté des lièvres et des moutons ?

Revenons à notre histoire.

XX

DERNIÈRES COURONNES

Tout avait été malencontre et désastre !

« Avons-nous beaucoup de chemin à faire? demanda Maroussia.

— Tu es bien fatiguée, ma chérie? lui demanda son grand ami.

— Non, je ne suis pas fatiguée, mais je voudrais

savoir si nous avons encore beaucoup de chemin à faire.

— Heureusement non. Vois-tu cette forêt à notre droite? Eh bien! c'est là que nous nous reposerons. Mais tu es à bout de force, mon enfant?

— Non, non... Je t'assure, je t'assure que non.

— Tu dis que tu n'es pas fatiguée, reprit en souriant son grand ami. En es-tu bien sûre? Tu sais le châtiment qui est réservé, aux cieux, à ceux qui, même avec de bonnes intentions, n'ont pas dit la vérité sur la terre? Pour purifier leur langue, ils sont condamnés à lécher un fer rougi au feu. Ne crains-tu rien pour ta petite langue?

— Je ne crois pas avoir à craindre le fer rouge, » répondit Maroussia, et ses petites dents blanches brillèrent entre ses lèvres à demi ouvertes par un sourire.

Cependant, après avoir réfléchi une demi-minute, la petite fille ajouta en fixant ses grands yeux limpides sur son ami :

« Sais-tu? j'aimerais mieux lécher le fer rouge que de m'arrêter quand il faut que tu marches.

— Je connais un moyen d'arranger l'affaire, » répondit le grand ami.

Et, avant d'avoir pu s'en défendre, la petite sophiste, la petite raisonneuse était dans ses bras.

« Non, non, je ne veux pas que tu me portes

encore! s'écria la petite fille. Tu es plus fatigué que moi ; je ne veux pas, je ne veux pas... »

Et, à part, elle se disait : « Un soldat qui a tant fait la guerre (le soldat, c'était elle), qui a été vainqueur et même vaincu, se faire porter alors qu'il n'est pas seulement blessé, c'est honteux ! »

Mais les bras robustes du grand ami ne savaient pas lâcher ce qu'une fois ils tenaient. Quelques douces paroles vainquirent la résistance du petit soldat. Maroussia entoura de ses bras le cou bronzé de son ami et reposa sa tête fatiguée sur sa solide épaule. Après toute une année de vie prestigieuse, où elle avait dépassé tout ce qu'on pouvait attendre de son âge, la petite héroïne était heureuse de se retrouver enfant.

Le jour commençait à baisser. Les rayons du soleil n'étaient plus aussi brûlants. Le chemin ou plutôt le sentier serpentait tantôt à travers les champs d'orge, de seigle et de froment, — il y avait encore de ce côté-là quelques terres qui n'étaient pas dévastées, — tantôt à travers de petits bois frais remplis de fleurs, de parfums et de nids. Des oiseaux au chant comme au plumage varié, des papillons de toutes sortes, des escadrons d'abeilles sauvages voletaient et bourdonnaient comme si rien n'avait été changé dans le monde ; leur petite Ukraine particulière n'avait pas été touchée et ne se doutait de rien. Les rayons du soleil tombaient à travers le feuillage sans se souvenir que la veille encore, et pas bien loin de là, ils avaient éclairé et doré des massacres. De temps en temps, on voyait à droite ou à gauche surgir un clocher, étinceler un petit lac, un étang ou une rivière, ou bien on apercevait au bout d'une prairie un village dont les maisonnettes encore blanches brillaient entre les jardins et les vergers ; quelquefois ce n'était qu'un hameau désolé à demi perdu dans la verdure.

Ils se trouvèrent en face d'un champ. « Que de

bluets! dit le grand ami; regarde donc, Maroussia, nous n'en avons jamais tant vu ni de si beaux. »

Les paroles sont impuissantes pour exprimer tout ce qu'il y avait de caresses dans l'accent du grand ami quand il parlait à sa petite amie; une jeune mère n'aurait pas d'autres sourires dans les yeux, pas plus de tendresse dans la voix pour son petit enfant.

« Sais-tu, Maroussia? reprit le grand ami, je crois que nous ferons bien de nous asseoir ici; tes petits doigts me tresseront une jolie couronne de bluets dont j'ai très-envie. »

Il avait posé la petite fille sur l'herbe, et, étendant son long bras, il commença à cueillir autour de lui tous les bluets à sa portée.

« Ne cueille pas les queues trop courtes, lui dit Maroussia, ce sera plus commode pour la couronne et elle sera plus solide aussi. »

Le grand ami, obligé d'aller plus loin pour faire sa cueillette, lui dit :

« Repose-toi, jusqu'à ce que j'aie fait ma provision. Ne bouge pas. Si tu pouvais dormir un peu !

— Non, non, dit Maroussia, je ne bougerai pas, je me reposerai, mais je ne dormirai pas. J'aime mieux te regarder cueillir. »

Le grand ami n'était pas très-habile. Pour avoir des queues longues, il arrachait quelquefois la touffe entière.

« Il ne faut pas faire cela, lui disait Maroussia,

c'est dommage pour ceux qui passeront après nous et aussi pour l'année prochaine. Les touffes arrachées ne repoussent plus. Ce n'est pas ainsi qu'on est ménager des récoltes. Chez ma mère, tu aurais des reproches! »

Le grand ami se sentait grondé justement, mais il ne se décourageait pas. Il essayait seulement de mieux faire.

« Je ne suis pas un fameux cueilleur de fleurs, disait-il. Je suis comme ce pauvre garçon qui, voulant prier Dieu dans l'église et baiser la terre, se fit une grosse bosse au front en se cognant contre la dalle.

— Ne me dis rien pour me faire rire, lui cria Maroussia. Arrête-toi, assez! assez! viens t'asseoir tout près de moi; tu en as tant cueilli que je ne m'y retrouve plus. Je suis ensevelie. J'ai de quoi faire cent couronnes. »

Et la petite tâchait de mettre un peu d'ordre dans la récolte de son ami.

« Ne te gêne donc pas, disait le grand ami; en veux-tu encore?

— Mais non, mais non, c'est assez, c'est dix fois trop, repose-toi à ton tour. »

Le grand ami, convaincu, s'assit à côté d'elle et suivit avec beaucoup d'intérêt, tantôt le travail des doigts mignons qui préparaient une guirlande, tantôt les changements de physionomie de Maroussia. De presque gaie qu'elle était tout à l'heure, elle était devenue subitement rêveuse.

« A quoi pense mon enfant? » dit-il à Maroussia. Elle hésitait à répondre; mais bientôt, cachant sa blonde tête sur la poitrine de son ami :

« Je me suis rappelé, lui dit-elle, je me suis rappelé les bluets de notre maison et les couronnes d'autrefois qui faisaient tant de plaisir aux petits frères, et aussi celles que me faisait maman quand je n'étais pas grande non plus.

— C'était dans le temps heureux, dit Tchetchevik, où les enfants eux-mêmes n'avaient pas le devoir d'être de petits héros. Ah! chère fillette, ce n'est pas pour toi que mon passage dans la maison de ton père et de ta mère aura été un bonheur, ni pour eux, les dignes gens! Que Dieu m'obtienne leur pardon! »

L'enfant lui mit vivement la main sur la bouche et fondit en larmes.

« Tais-toi, lui dit-elle, ne me fais pas pleurer à présent. Ne m'ôte pas le courage que mon père lui-même m'a commandé, — le courage dont j'ai besoin encore et qu'il faut que j'aie et que j'aurai jusqu'à la fin, oui, jusqu'à la fin. Quant à notre vie, depuis que nous avons ensemble quitté la maison, ah! la belle vie! ah! les beaux jours! ah! le grand rêve! Mais aujourd'hui.... nos soldats, où sont-ils? Méphodiévna, notre Méphodiévna qui t'aimait tant et l'Ukraine libre, où est-elle? »

Tchetchevik, à son tour, l'arrêta :

« Oui, où est-elle? »

Sa tête assombrie tomba dans ses deux mains. Ni l'homme ni l'enfant ne pensaient plus à parler.

La première, Maroussia domina son émotion, et, essayant de dégager la figure de Tchetchevik de ses deux mains qui lui couvraient le visage, elle fixa ses yeux encore humides sur son grand ami, et, d'une voix qui ne tremblait presque plus, elle lui dit avec un sourire :

« Vois, je ne suis plus triste. »

Ne recevant pas de réponse, elle appuya sa joue sur l'épaule de son grand ami et le caressa timidement. Le grand ami releva alors la tête et, regardant sa petite compagne :

« Mais toi, tu souffres au delà de tes forces, pauvre petite....

— Mais toi, tu souffres donc aussi, répondit-elle, et au delà de tes forces aussi, et tout le monde souffre ainsi ! tout le pays....

— Oh ! oui, tout le pays....

— Qui pourrait ne pas souffrir? dit Maroussia, les oiseaux seuls, les oiseaux étourdis à qui il est égal d'aller de branche en branche, et d'être sur celle-ci plutôt que sur celle-là, Mais te rappelles-tu ce que tu disais si bien et à tous il n'y a pas longtemps, ce qui s'entendait d'une colline à l'autre par-dessus les plaines : « En avant ! » Et de quelle voix tu les entraînais tous! comme tu les ramenais au combat! le peuple entier te suivait. Maroussia seule te suit en ce moment; mais c'est égal, fais pour elle seule ton commandement : « En avant! » et elle sera prête à marcher. »

L'enfant s'était levée.

L'homme, à sa voix, en fit autant; tous deux se prirent par la main et se remirent en route. Après avoir marché un peu, ils aperçurent un village. Un chemin étroit, couvert d'herbes, y conduisait.

« Vois-tu ce village, Maroussia? lui dit son grand ami.

— Oui, je le vois, répondit-elle.

— Il est grand, n'est-ce pas, ce village?

— Oui, il me paraît grand.

— Eh bien, plus un village est grand dans notre malheureuse Ukraine, plus il s'y trouve d'épouses, de mères, de sœurs et de fiancées, d'enfants aussi qui pleurent, car, par ce petit chemin et par d'autres, leurs maris, leurs fils, leurs frères et leurs fiancés s'en sont allés en guerre, et personne ne saurait dire combien il en reviendra. Ces temps sont durs entre tous les temps. Maroussia, le comprends-tu?

— Si je le comprends! » s'écria-t-elle.

Ils marchèrent encore longtemps, mais en silence.

La forêt, qu'on voyait au loin s'étendre comme une masse bleue, commençait, à mesure qu'on s'en approchait, à reprendre sa belle couleur verte. On apercevait sur la lisière la verdure foncée des chênes et le feuillage plus clair des bouleaux.

« Nous sommes arrivés, dit le grand ami en écartant les branches et en pénétrant dans le taillis. Nous trouverons tout à l'heure un fourré, où nous ferons une nouvelle halte. »

Le fourré n'était pas si facile à trouver. La forêt était tellement épaisse qu'il était presque impossible d'avancer. Sans parler des branches qui fouettaient la figure, des épines qui arrachaient les habits, accrochaient les cheveux, égratignaient et déchiraient, et des troncs d'arbres pourris qui, couchés sur le sol, barraient le passage, le houblon gigantesque enlaçait toute cette végétation par en haut, tandis que les lierres sauvages et mille plantes rampantes l'enlaçaient par en bas.

Le grand ami, cependant, savait bien où il voulait arriver ; il avait son but, car il examinait avec soin chaque buisson, prêtant l'oreille à tous les bruits et au besoin s'arrêtant pour réfléchir et pour chercher sur la terre et sur le gazon quelque trace ou quelque indice qu'il aurait voulu découvrir.

Enfin, ils arrivèrent au fourré. Tout auprès s'ouvrait une clairière où il y avait plus de place qu'il n'en fallait pour faire une halte sur l'herbe.

« Repose-toi, Maroussia. Vois-tu cette herbe? cette mousse? notre riche ataman lui-même ne possédait pas de tapis aussi éclatant. Oh! si ce luxe lui avait suffi! s'il s'était rendu compte plus tôt que l'or n'est pas même un demi-dieu, que c'est la pire des idoles! Assieds-toi sous ce chêne, c'est le grand ataman de la forêt. Il a mille ans peut-être. Il a tout vu, lui, mais sans broncher encore. Les astres du ciel ont toujours suffi à sa tête. »

Ce chêne était vraiment magnifique. Il étendait ses branches majestueuses de tous côtés et formait à lui seul une espèce de temple frais et sacré, où régnaient à la fois la fraîcheur, l'ombre et le silence. Les rayons du soleil n'y pouvaient descendre, sa cime seule était éclairée.

Tout près de ce chêne orgueilleux, gisait à terre, vaincu par les ans, le tronc d'un autre chêne qui avait dû dans son temps valoir celui qui était demeuré debout. Pas une feuille n'était restée à ce grand mort, de toutes celles qui autrefois avaient fait la gloire de sa vie. Le grand ami, le regardant, se mit à penser tout haut :

« Celui-là, se disait-il, la hache ne l'a jamais touché. Il n'a jamais eu à subir les violences des hommes, ses vieux membres sont exempts de blessures, la foudre même l'a respecté, et pourtant le voilà par terre. Ainsi tout ce qui commence marche à travers les jours ou les siècles vers ce qui semble être une fin. Encore quelques années, et le colosse retournera à la poussière ; mais la poussière est féconde, et bientôt le chêne se fera brin d'herbe. En petit ou en grand, les choses elles-mêmes ressuscitent. Un grain de sable est indestructible, est immortel, à plus forte raison nos âmes ; en vérité, la vie d'ici-bas n'est qu'un point qui ne vaut guère qu'on s'en soucie, elle appartient à Dieu plus qu'à nous. »

L'enfant écoutait étonnée.

« Sans doute il prie, se disait-elle. Il est triste, il fait bien. »

Chose étrange, sur le tronc dénudé du vieux chêne, on apercevait une couronne de bluets presque semblable à celle que venait de faire Maroussia. Comment cela se faisait-il ? les bluets étaient tout frais encore.

Les regards de Maroussia se tournèrent en même temps que ceux du grand ami vers ce phénomène. Mais Maroussia n'en était plus à montrer ses surprises. Cette réserve n'étonna pas son ami. Il alla prendre la couronne et la jeta sur les genoux de Maroussia.

« Les deux feront la paire, lui dit-il. Avec toi, Maroussia, on peut tout dire. Cette couronne nous apprend que bientôt nous ne serons pas seuls dans la forêt ; nos amis sont en marche et nos éclaireurs les ont précédés. »

Tout à coup, au fond de la forêt, retentit comme un cri, mais rien qu'un cri d'oiseau, à ce qu'il parut à Maroussia.

« C'est un jeune, sans doute, dit le grand ami. Sa voix n'a pas encore tout son développement. Un père se serait mieux fait entendre. Écoute, Maroussia, je vais tâcher de donner une leçon à ce novice. »

Et, s'aidant de ses doigts rapprochés de ses lèvres, le grand ami produisit un cri d'oiseau si aigu que le plus puissant chanteur de la forêt n'aurait pu le désavouer. Ce cri, entendu sans doute à plusieurs lieues à la ronde, eut bientôt de l'écho. De trois côtés différents, d'autres cris pareils lui répondirent.

« Tu ne vas pas t'inquiéter, dit Tchetchevik à Maroussia, tu vois de quoi il s'agit ? Je vais être obligé de te laisser seule quelques instants. Reste là, ne change pas de place, je reviendrai te prendre bientôt. Ne quitte pas ton poste.

— Je resterai, » répondit Maroussia.

Et elle pensait : « Ce sont des amis auxquels il a donné des ordres ou des indications pour le reste de nos hommes fugitifs et traqués comme nous. C'est pour les sauver, pour les guider ou pour les rassembler encore. »

Le grand ami avait écarté les branches, il allait se frayer passage dans le taillis ; mais une idée lui prit, il se retourna ; il voulait regarder une fois encore son brave petit camarade.

« Surtout pas de tristes pensées, lui dit-il ; que rien ne t'abatte aujourd'hui ni jamais.

— Non, je ne serai pas triste, répondit Maroussia. Je serai ferme. Sois donc tranquille, je pourrais tout faire, même mourir sans tristesse, à présent. »

Ils échangèrent un dernier regard tout rempli de leur mutuelle tendresse, et le grand ami disparut dans la profondeur du feuillage.

XX

SURTOUT, PAS DE TRISTES PENSÉES !

XXI

LE PETIT MOUCHOIR TROUÉ

Maroussia se pencha pour garder plus longtemps le bruit de ses pas. Si ses oreilles, à défaut de ses yeux, avaient pu le suivre, elle aurait eu moins de chagrin. Aussi longtemps qu'elle put l'entendre, elle se figura qu'il était encore là. Mais bientôt, tout craquement de branches, tout bruissement de feuillage cessa. Maroussia laissa glisser ses deux couronnes, sa jolie tête s'inclina, et, sans s'en douter, elle se mit à penser, oui, à penser.

Les sujets ne lui manquaient pas.

Elle avait vu tant de choses éclatantes, elle avait vu tant de choses mystérieuses et tant de terribles, et les dernières étaient si désolantes! Les défenseurs de l'Ukraine, d'abord si glorieux, tout cédant devant eux, puis écrasés, puis dispersés. « Je crois bien, se disait-elle, que mon ami veut tenter un dernier effort. C'est un effort désespéré peut-être? Mais qu'importe! il le fera. Doit-on s'arrêter dans le devoir? » Elle avait senti, pendant cette longue marche forcée, que chacun de leurs pas cachait un péril. Eh bien, après? Son grand ami et elle, les vrais Ukrainiens, pouvaient-ils survivre à l'Ukraine? Ne vaut-il pas mieux disparaître avec ce que l'on aime?

Elle se creusait la tête pour s'expliquer que les hommes, au lieu de s'aimer, ce qui lui paraissait si facile, s'efforçassent de se nuire. Est-ce que mon père cherchait querelle à ses voisins? « Est-ce qu'il a jamais eu l'idée de vouloir prendre le champ et la maison d'un autre, bien qu'il en trouvât quelques-uns très-beaux et quelques-unes très-jolies? Pourquoi veut-on nous ravir notre Ukraine? Elle est féconde, c'est la plus riche terre du monde: est-ce une raison pour en chasser ceux à qui elle appartient? »

De temps en temps, fatiguée de se poser des questions dont la solution échapperait aux intelligences les plus fermes, elle redressait la tête, elle levait au ciel ses yeux candides et s'écriait : « Mon Dieu! ah! mon Dieu! quand les hommes seront-ils tous bons et tout à fait bons? »

Le calme et profond silence de la forêt, l'ombre et la fraîcheur auraient fait beaucoup de bien à son corps brisé par la fatigue, si son âme anxieuse n'eût souffert du repos, inquiétant à force de se prolonger, de toutes les choses qui l'entouraient.

La forêt devenait sombre, une main invisible tirait peu à peu un gigantesque voile noir sur ces masses de verdure. Cela lui rappela la forêt de son conte du bandit et la fuite de la pauvre femme dont, la première fois qu'elle l'avait vu, elle avait raconté l'histoire à son ami. « Elle n'était pas plus malheureuse que moi, pensait-elle, mais j'aime mieux mes chagrins que les siens. »

Les dernières flèches de lumière qui passaient à travers le feuillage s'émoussaient sur les troncs des arbres. Elles s'éteignirent tout à fait, la nuit se fit complète brusquement. Maroussia, surprise, se leva. Toutes les angoisses du passé furent noyées dans les angoisses de l'attente présente.

« Il m'a dit : « Je reviendrai te reprendre *bientôt*, je te quitte pour — *quelques instants*, — reste à ton poste. » Je suis à mon poste, beaucoup d'instants sont passés, et il ne revient pas, et aucun bruit ne m'annonce même au loin son retour. »

La nature tout entière semblait s'obstiner à se taire. Ce silence implacable avait, en dépit de sa volonté, raison de la fermeté d'âme de Maroussia.

Plût à Dieu qu'il eût duré encore, ce silence! Soudain et de toutes parts des coups de fusil retentirent, plus de cent, plus de mille peut-être ; c'était à croire qu'on se battait dans tous les recoins de la forêt à la fois. Ce fut l'affaire de dix minutes qui parurent un siècle à l'enfant. Plus long et plus terrible encore cependant lui sembla le silence sinistre qui avait succédé à ce bruit de guerre, bruit familier, en somme, à ses oreilles.

Maroussia aurait voulu voir à travers et par-dessus les arbres. Mue comme par un ressort électrique, elle s'était dressée sur la pointe de ses pieds.

« C'est lui, lui qui s'est trouvé au milieu de ce feu, se disait-elle ; il était armé, il aura voulu frayer un passage à ceux de notre armée du côté de la frontière. Ils ont été surpris dans cette forêt pleine d'embûches! »

Et, serrant son front brûlant dans ses mains crispées, elle ajoutait :

« Je ne veux plus penser. A quoi bon? Dieu est là-haut. Il faut attendre de lui sa destinée. »

Elle se rassit au pied du grand chêne, priant pour tout ce qui lui était cher.

Tout entière à son ardente prière, et au moment où elle disait : « Seigneur, faites que je le revoie encore, » elle crut rêver, elle crut entendre le feuillage s'agiter, les branches craquer. Mais non, elle ne rêvait pas, le bruit venait bien de là, tout près, à quelques pas d'elle; ses joues se couvrirent d'une subite rougeur. Ses yeux regardèrent du côté du bruit. Les branches s'écartèrent tout à fait, et la figure de son grand ami, éclairée par la blanche lune qui venait de se lever, lui apparut entre le feuillage mouvant. Dieu l'avait donc exaucée. Mais était-ce bien le grand ami, ou n'était-ce que son ombre? Si blanche était sa figure que le cri de joie qui allait sortir du cœur de l'enfant expira sur ses lèvres.

« Maroussia, lui dit le grand ami, vois-tu ce mouchoir rouge?

— Oui, je le vois.

— Eh bien, je vais te conduire à la lisière du bois. Je vais te montrer un chemin. Tu suivras, sans t'en écarter, tout droit, toujours tout droit jusqu'à un champ de sarrasin; tu traverseras ce champ, il est coupé par un sentier. Ce sentier te conduira à un petit pont : sur ce petit pont tu laisseras tomber tes deux couronnes. De l'autre côté du pont, tu apercevras à gauche, derrière un petit moulin, un petit bois. Un homme sortira de la lisière de ce bois. S'il te dit : « Que le bon Dieu te soit en aide! » tu lui répondras : « Le bon Dieu m'a aidée! » Et tu lui donneras ce mouchoir. Tu m'entends bien, Maroussia? Tu n'oublieras rien? »

Le grand ami parlait avec lenteur, une lenteur qui ne lui était pas habituelle et qui n'avait pas l'air volontaire; on eût dit qu'il ne pouvait pas parler plus vite. Il devenait de plus en plus pâle; de grosses gouttes de sueur perlaient de son front. Il s'appuyait contre un arbre.

« Tu es blessé! lui dit Maroussia. Ils t'ont blessé!

— C'est une égratignure, Maroussia; demain, il n'y paraîtra pas. Va, ma chérie, va! »

Il la prit par la main :

« Que ta main est froide! s'écria l'enfant.

— Ne pense pas à ma main, mon cher cœur. Hâte-toi! d'abord sur le pont, les deux couronnes, et puis à l'homme qui sortira du petit bois, le mouchoir, s'il te dit : « Que Dieu te soit en aide! » Courage, Maroussia, c'est pour le salut de ce qui restait de vaillants défenseurs à l'Ukraine. »

Le grand ami essaya de frayer un passage à Maroussia, mais la force lui manqua. Cette faiblesse de celui qu'elle regardait comme la personnification de toute force glaça le cœur de la petite fille. Pour la première fois elle trembla pour l'ami qu'elle avait cru invulnérable. Mais elle ne lui fit pas de question. Elle comprit qu'il avait dit tout ce qu'il voulait dire.

Tout à coup deux bras musculeux écartèrent encore le feuillage. La petite fille, surprise, se jeta devant son grand ami qu'elle croyait menacé.

« Ne crains rien, Maroussia, lui dit Tchetchevik, celui-là est un ami, un ami sûr et fidèle. »

Maroussia aperçut au milieu des branches un paysan de haute taille qui lui fit un salut respectueux, mais amical. Il est évident que ce n'était pas la première fois qu'il voyait Maroussia.

« C'est mon camarade Pierre, dit Tchetchevik; regarde-le, c'est un chêne, lui aussi.

— Il est presque plus grand que toi, » dit-elle bien étonnée.

Pierre écartait, brisait les branches devant Maroussia. Il marchait à reculons et son regard inquiet ne quittait pas Tchetchevik.

Maroussia vit bien qu'il pensait que son grand ami avait besoin d'aide. Mais Tchetchevik, qui s'appuyait d'arbre en arbre, lui disait :

« Va donc, Pierre, ce n'est pas à moi qu'il faut penser, c'est aux autres. Il faut à tout prix leur éviter de tomber dans cette embuscade maudite. »

Pierre, ainsi réprimandé, bouscula tout; les branches pliaient ou se rompaient sous le poids de son corps et sous ses pieds, comme sur le passage d'un taureau. Maroussia ne s'attendait pas à sortir si vite de la forêt. Le grand ami était parvenu à la suivre. Il tenait à lui renouveler encore ses recommandations.

« Tu vois le chemin, — le champ de sarrasin et son sentier sont à droite, — au bout du sentier le petit pont, — les deux couronnes resteront sur le petit pont, — à gauche, de l'autre côté : le moulin et le petit bois, l'homme et le mouchoir. C'est là qu'il faut arriver. Dépêche-toi, ma chérie, dépêche-toi, voici le mouchoir.... » .

Ce mouchoir était tellement pareil à celui qu'elle avait présenté une fois à la belle-sœur du seigneur ataman, qu'elle se demanda si ce n'était pas le même, et si une fois encore il ne lui était pas destiné.

Maroussia prit le mouchoir, et tendant le front à son ami, elle lui dit :

« Tout sera fait comme tu l'as dit. »

Tchetchevik s'était baissé, non sans effort, pour l'embrasser. Mais en se relevant, elle l'avait bien vu, il avait chancelé; sans Pierre, qui s'était hâté pour le retenir, il serait tombé... Maroussia s'aperçut alors qu'elle avait du sang sur sa manche.

« Ton sang! lui dit-elle; où es-tu blessé? est-ce au bras? laisse-moi te le bander. Tu sais, Méphodiévna avait fait de moi une bonne infirmière.

— Sois raisonnable, Maroussia, dit le grand ami. J'ai passé à travers tout jusqu'ici sans être presque touché. Ce n'était pas juste. Je n'avais pas ma part. Cette blessure n'est rien. Un coup de feu dans le bras n'est pas une affaire. Nous ne nous sommes pas mis en route pour manger des fraises. Pierre arrangera cela. Va donc, ma chérie, et hâte-toi. Nous causons trop. Si tu parviens à porter ce mouchoir à celui qui l'attend, ce sera une très-bonne chose. Mais j'y pense, arrange-le sur ta tête, ce mouchoir, on le verra plus vite et de plus loin, et sur tes cheveux blonds cela fera très-bien.

— Mais toi, tu vas donc rester là? Il faut se méfier de tout dans cette forêt.... T'y retrouverai-je? »

Tout en faisant cette question, elle disposait d'une main tremblante le mouchoir rouge sur sa tête.

« Je resterai là, lui répondit son ami, et, si je ne puis pas y rester, je saurai toujours te rejoindre. Est-ce que rien peut nous séparer? »

Cette fois ce fut un coup de fusil qui répondit pour l'enfant, et puis un autre encore. De dix côtés à la fois la fusillade se faisait entendre, non pas tout près, mais pas bien loin.

« Ils sont rentrés dans le bois, ils reviennent à la charge, dit Pierre. Dans cinq minutes ils peuvent être là. »

Le lion s'était redressé. Pierre lui avait mis un de ses pistolets dans la main dont il pouvait se servir encore.

« Tu entends? dit Tchetchevik à Maroussia. Va! cours! vole, si tu peux! et oublie tout le reste. C'est pour l'Ukraine et pour la grande amie. Le petit mouchoir lui parlera de toi... »

Maroussia partit comme un trait. Cependant, quand elle fut arrivée au sentier du champ de sarrasin, là où il fallait quitter le chemin, la petite gazelle ne put résister à l'envie de se retourner pour tâcher de voir une fois encore celui qu'elle venait de quitter avec tant de regret. Il n'y avait plus personne à la lisière de la forêt. La fusillade n'avait pas continué. Redevenue silencieuse, la forêt n'était plus qu'une longue montagne d'ombre.

Maroussia repartit; de fatigue il n'était plus question; son ami l'avait désiré ; elle avait des ailes. Le champ de sarrasin est dépassé, voici le petit pont, elle y dépose ses deux couronnes. Un bruit sourd avait frappé son oreille. Elle écoute, le bruit se rapproche et se fait sonore. Ce doit être celui d'un cheval lancé au galop. Le cavalier est-il un ami ou un ennemi ? Ce n'est pas un Cosaque. De loin on dirait un Tatare. Quand elle voyageait avec le vieux rapsode, ils évitaient toujours ces Tatares. Elle revient sur ses pas, repasse le pont. C'est égal, les couronnes y sont, c'est autant de fait. Maroussia est contente. Elle va se cacher dans les joncs. Le cavalier arrive à bride abattue ; l'aurait-il aperçue ? Elle espère que non. Mais à peine Maroussia avait-elle fait quelques pas à travers ces joncs qui poussaient au bord du ruisseau, qu'un coup de feu était parti. Le mouchoir rouge, ainsi que la jolie tête qu'il recouvrait, était tombé au milieu des roseaux. On eût dit une perdrix arrêtée dans son vol.

Le cavalier tatare a dépassé le pont. Il veut s'assurer que son coup a réussi ; du haut de son cheval, il cherche, il aperçoit le gracieux corps étendu. Ce n'est qu'un enfant ! Mais qu'est-ce que c'est que ce mou-

XXI

ON EUT DIT UNE PERDRIX ARRÊTÉE DANS SON VOL

choir rouge qu'elle a sur la tête? Un chiffon, sa balle l'a troué. Il ne vaut pas qu'on le ramasse.

Le cavalier rend la main à son cheval, poursuit sa route et disparaît, comme un homme trompé dans son attente. Maroussia n'a été pour lui qu'une ombre entrevue sur sa route.

Tout est redevenu tranquille. Cela a été si vite fait! C'est à croire que rien n'est arrivé au bout de ce pont.

Cependant, un paysan portant un lourd fagot sur ses épaules, sort à pas lents du petit bois que Maroussia devait trouver à gauche du pont. Puis il a dépassé le moulin que la blanche lumière de la lune argente. Il n'est pas pressé, il ne regarde ni à gauche ni à droite. Il ne se doute pas que, tout à l'heure, le chemin qu'il va prendre n'était pas sûr.

Il s'engage sur le pont. Il voit les deux couronnes, il les ramasse et les accroche à son fagot. Sans doute, il a des petites filles. Il leur rapportera les couronnes. Il a passé le pont. Sa charge le gêne. Il s'en débarrasse un instant et, pour se délasser, s'accoude sur le tronc d'arbre qui sert de parapet au pont rustique. De là, machinalement, il regarde. Qu'est-ce qu'il aperçoit dans les joncs? on dirait un bouquet de fleurs rouges. Il faut voir cela de près. C'est une enfant. Un de ses pieds baigne dans l'eau. Lui, il est à genoux. Il soulève le corps inanimé et le retire un peu sur la berge. La lune est dans son plein. Il regarde avec pitié la jolie figure pâlie par la mort, pose la main sur le petit cœur vaillant qui ne battait plus, fait le signe de la croix, prononce ces mots : « Que Dieu te soit en aide, » auxquels l'enfant ne peut pas répondre : « Dieu m'a aidée, » se relève et, oubliant son fardeau, gardant seulement ses couronnes, il s'éloigne en courant. Il a repassé le pont ; où va-t-il si vite ? Au delà du moulin, du côté du bois. Comme il est pressé d'y rentrer ! Que serre-t-il sur sa poitrine, que cache-t-il sous sa chemise ? C'est le joli mouchoir rouge qui parait la tête blonde, la tête de la petite fille qui aimait tant son pays. Il l'emporte. Le mouchoir rouge et les couronnes sont arrivées à destination. Maroussia a rempli sa mission. Les autres, les derniers fidèles et sa grande amie sont sauvés...

XXII

CHACUN APPORTE SA GUIRLANDE.

XXII

GLORIA VICTIS !

Tout cela s'est passé il y a bien, bien longtemps. Après cent, deux cents ans peut-être, il en reste une légende. Aujourd'hui encore, sur une colline rapportée, faite de main d'homme, la plus haute de toutes celles du même genre qu'on rencontre dans ce pays, vous pouvez voir une grande croix de granit rose. Sur cette croix a été gravé avec la pointe patiente d'un poignard ce nom : MAROUSSIA.

La colline tout entière s'appelle le Kourgane, c'est

le tombeau de la petite fille. Il est couvert d'un splendide tapis de verdure, toujours parsemé de fleurs admirables et odorantes qui ne poussent que là, qu'on n'a jamais vues et qu'on ne verra jamais ailleurs. Ces fleurs sont si belles qu'on dirait des regards d'enfant. Quand on les transplante, elles refusent de pousser, elles meurent sur pied. On a essayé d'en semer dans d'autres terres, elles n'y lèvent même pas. On leur a donné un nom, le seul qui pût leur convenir, on les appelle des *Maroussia*.

On raconte, dans les veillées, qu'un Cosaque, fameux par son courage, son intelligence, sa beauté et sa bonté, et plus encore par son amour pour son pays, a élevé, à lui tout seul, cette grande colline.

Il n'avait qu'un bras, ayant perdu l'autre dans le dernier combat livré pour l'indépendance de l'Ukraine, et, avec l'unique main qui lui restait, portant la terre poignée par poignée, il a édifié cette montagne. Il y avait employé des années et puis des années. Jeune encore il avait commencé, sa barbe et ses cheveux avaient blanchi quand il l'acheva. Cependant quelques-uns disent qu'un petit garçon, nommé Tarass, l'avait tant, tant prié, qu'il avait accepté son aide et qu'à la longue ce garçon avait, lui aussi, vieilli à ce métier. Ce qu'il y a de sûr, c'est que, lorsque le kourgane fut aussi haut qu'un clocher et que la croix fut posée, le Cosaque s'assit au pied et y pleura jusqu'à sa mort. Avant ce jour, personne n'avait vu un lion pleurer. Ce sont les larmes qui tombèrent de ses yeux qui produisirent ces fleurs si belles et si parfumées qui n'avaient auparavant fleuri dans aucune autre partie du monde. Ceux qui savent comprendre le langage des fleurs assurent que, les soirs de pleine lune, on peut les entendre murmurer : « Nous ne savons fleurir que sur la tombe de ceux qui ont donné leur vie pour la patrie. » Les enfants, filles et garçons, conduits par leurs parents, viennent, tous les ans, de tous les coins du pays, en pèlerinage au tombeau de la petite fille. Chacun y apporte sa guirlande. Ils en rapportent des portraits, des médailles frappées à la gloire de Maroussia.

Quelques-uns pleurent en se racontant la fin glorieuse de l'héroïque enfant, mais il n'en est aucun, il n'en est aucune qui n'eût voulu être Maroussia.

Il est malheureusement plus d'une Ukraine au monde ; veuille Dieu que, dans tous les pays que la force a soumis au joug de l'étranger, il naisse beaucoup de Maroussia capables de vivre et de mourir comme la petite Maroussia dont nous venons de raconter l'histoire!

Il n'appartient à personne d'expliquer le triomphe de l'injuste et les tribulations du juste.

FIN.

N. B. — Une légende ne va jamais seule. Une autre tradition populaire a complété d'une part, et de l'autre modifié, sur le point le plus important, celle de Markowovzog, qui nous a le plus souvent guidé.

En même temps que s'élevait le kourgane et non loin de là, sur le sommet d'un roc qui lui faisait face, s'était construit, disaient les anciens, et avec une rapidité étonnante, un monastère dont les tourelles dominaient le pays. Il était à peine achevé que les gens qui avaient de bons yeux pouvaient distinguer le pâle et noble visage d'une religieuse qui, accoudée sur le parapet de la terrasse de la plus haute des tourelles de ce monastère, ne perdait pas de vue un instant le travail opiniâtre du Cosaque élevant, poignée à poignée, le tombeau de la petite fille. Cette religieuse n'était autre, affirmait-on, qu'une belle et héroïque princesse. Après avoir pris part à la dernière guerre de l'indépendance de l'Ukraine, la noble femme s'était retirée dans cet asile et avait fait vœu de n'en plus sortir. Mais, et c'est là que la légende se complique, elle ne s'y serait pas retirée seule, et souvent, à côté d'elle, on aurait pu voir une jeune fille d'une beauté saisissante, entrée au couvent en même temps qu'elle, et sous le même vœu de claustration perpétuelle.

Ceux qui ne veulent pas que ce qu'ils aiment ait pu mourir, prétendaient que cette jeune fille n'était autre que Maroussia. Méphodiévna elle-même, après avoir reçu le mouchoir troué, serait venue pieusement retirer l'enfant qu'elle chérissait du milieu des roseaux où la balle du cavalier tartare l'avait abattue, pour ne pas la laisser sans sépulture. L'enfant dévouée aurait failli mourir, mais ne serait pas morte en effet. Rappelée à la vie, puis guérie par sa grande amie, elle l'aurait suivie dans sa retraite pour ne pas voir l'asservissement de l'Ukraine.

Enfin, car il ne faut oublier ni rien ni personne, entre le kourgane et le roc sur lequel avait été bâti le monastère, une maison ukrainienne, semblable en tout à celle où Maroussia était née, aurait fini par apparaître un beau jour entourée d'un jardin si pareil à celui des cerisiers, qu'on aurait pu s'y méprendre, et les habitants de cette maison auraient été les parents mêmes de Maroussia. L'Ukraine morte, tous ces dévoués de la patrie n'avaient plus rien à se dire, mais par l'arrangement du kourgane, de la maison et du monastère, ils auraient trouvé moyen d'être unis encore par le lien des yeux tout en vivant séparés. C'est au lecteur à choisir celle de ces conclusions qui ira le mieux à son sentiment. J'ai reçu des lettres d'enfants encore humides de larmes où l'on me reprochait durement la fin de Maroussia. C'est bien injuste. En écrivant son histoire, n'ai-je pas essayé de la faire revivre, au contraire, autant qu'il était en moi, pour l'enseignement de tous?

P.-J. Stahl.

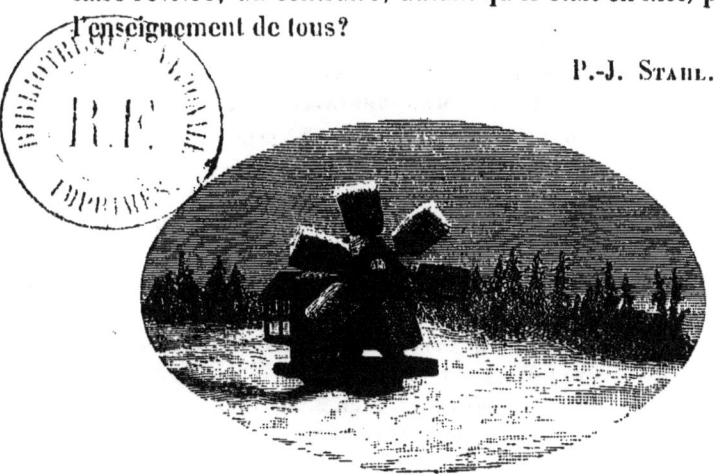

TABLE DES MATIÈRES

I.	L'UKRAINE	3
II.	UN VOYAGEUR INCONNU	13
III.	LA PETITE MAROUSSIA	21
IV.	UN CONTE DE BRIGANDS	45
V.	LA FUITE	75
VI.	UNE RENCONTRE	83
VII.	CHEZ LE VIEUX KNICH	99
VIII.	A LA MÊME PLACE	109
IX.	LE RÉVEIL D'IVAN	119
X.	LE VRAI KNICH	129
XI.	ON SE REVOIT	137
XII.	PAROLES ET MUSIQUE	149
XIII.	ON APPROCHE	161
XIV.	LE BUT. — ET APRÈS	171
XV.	LES RENCONTRES	181

TABLE.

XVI.	SUR L'EAU	193
XVII.	A GADIATCH	203
XVIII.	NE JOUEZ PAS AVEC LES POIGNARDS	215
XIX.	L'ANNÉE HEUREUSE	227
XX.	DERNIÈRES COURONNES	239
XXI.	LE PETIT MOUCHOIR TROUÉ	253
XXII.	GLORIA VICTIS!	265
	N.-B	269

TYPOGRAPHIE LAHURE, RUE DE FLEURUS, 9, A PARIS

www.ingramcontent.com/pod-product-compliance
Lightning Source LLC
Chambersburg PA
CBHW060411170426
43199CB00013B/2098